Insel Fehmarn

Reisetipps

Mensch und Natur

Orte auf Fehmarn

Ausflüge

Fehmarner Essays

Anhang

Hans-Jürgen Fründt
Insel Fehmarn

„Goldene Krone im blauen Meer"

Fehmarner Stolz

Impressum

Hans-Jürgen Fründt
Insel Fehmarn
erschienen im
Reise Know-How Verlag Peter Rump GmbH
Osnabrücker Str. 79, 33649 Bielefeld

© **Peter Rump** 1999
2., aktualisierte Auflage **2002**
Alle Rechte vorbehalten.

Gestaltung
 Umschlag: M. Schömann, P. Rump (Layout);
   G. Pawlak (Realisierung)
 Inhalt: G. Pawlak (Layout und Realisierung)
 Karten: Catherine Raisin, der Verlag
 Fotos: Hans-Jürgen Fründt, Susanne Muxfeldt,
   wenn nicht anders angegeben

Lektorat (Aktualisierung): Sandra Wanning

Druck und Bindung
 Fuldaer Verlagsagentur

ISBN 3-89416-887-0
Printed in Germany

Dieses Buch ist erhältlich in jeder Buchhandlung der BRD,
Österreichs und der Schweiz. Bitte informieren Sie Ihren
Buchhändler über folgende Bezugsadressen:
BRD
 Prolit GmbH, Postfach 9, 35461 Fernwald (Annerod)
 sowie alle Barsortimente
Schweiz
 AVA-buch 2000, Postfach 27, CH-8910 Affoltern
Österreich
 Mohr Morawa Buchvertrieb GmbH
 Sulzengasse 2, A-1230 Wien

Wer im Buchhandel trotzdem kein Glück hat, bekommt unsere
Bücher direkt bei: **Rump Direktversand,** Heidekampstraße 18,
49809 Lingen (Ems)oder über den **Büchershop** auf unserer
Internet-Homepage **www.reise-know-how.de**

Wir freuen uns über Kritik, Kommentare und Verbesserungsvorschläge.

*Alle Informationen in diesem Buch sind vom Autor mit größter Sorgfalt gesammelt und vom Lektorat des Verlages gewissenhaft bearbeitet und überprüft worden.
Da inhaltliche und sachliche Fehler nicht ausgeschlossen werden können, erklärt der Verlag, dass alle Angaben im Sinne der Produkthaftung ohne Garantie erfolgen und dass Verlag wie Autoren keinerlei Verantwortung und Haftung für inhaltliche und sachliche Fehler übernehmen.*

Die Nennung von Firmen und ihren Produkten und ihre Reihenfolge sind als Beispiel ohne Wertung gegenüber anderen anzusehen.

Hans-Jürgen Fründt

Insel Fehmarn

REISE KNOW-HOW im Internet

Aktuelle Reisetipps und Neuigkeiten
Ergänzungen nach Redaktionsschluss
Büchershop und Sonderangebote
Weiterführende Links zu über 100 Ländern

www.reise-know-how.de

Vorwort

Die Farben sind's! Die Farben im Zusammenspiel mit dem Licht, sie geben der Insel eine unverwechselbare Note. Für diese Farbenvielfalt sorgt vor allem die Landwirtschaft. Fehmarn ist im Kern eine landwirtschaftlich geprägte Insel geblieben, daran haben auch 500.000 Urlauber nichts ändern können. Im Frühjahr zeigt sich die Insel grün, dann später, im Mai, gelb. Wenn der Raps für zwei, drei Wochen blüht, leuchten weite Flächen knallgelb, eine Farbenpracht sondergleichen! Zwischendurch schimmern die grünen Teppiche der Getreidefelder, und beides kontrastiert mit dem Blau des Meeres, beinahe kitschig schön.

Und erst der Himmel! Zerrissene Wolken jagen vorbei, verdecken niemals allzulange die Sonne. Die scheint hier übrigens so lange wie sonst kaum irgendwo in Deutschland.

Ja, auf Fehmarn lockt die Natur, locken klare Luft und Ruhe. Kleine Dörfer liegen verstreut über die Insel, eingebettet in weitläufigen Feldern. Bauernhöfe mit „richtigen" Tieren werden für Kinder zum Abenteuerspielplatz.

Das vorliegende Buch stellt Fehmarns Orte und Natur vor und hilft mit einer Vielzahl von praktischen Tipps, das richtige Feriendomizil zu finden und den Urlaub optimal zu gestalten.

Und wer es mal etwas trubeliger mag, fährt in die Inselhauptstadt Burg – oder aufs Festland, dank der Fehmarnsundbrücke heute spielend zu erreichen. Da Ausflüge nach Ostholstein oder Dänemark eine ideale Ergänzung für den Fehmarn-Urlauber darstellen, werden sie im Buch ausführlich beschrieben.

Nun kann also die Urlaubsplanung beginnen; viel Spaß dabei und gute Erholung auf der Insel Fehmarn wünscht Ihnen

Hans-Jürgen Fründt

Inhalt

	Vorwort	7
Praktische Reisetipps	Infostellen	12
	Anreise	12
	Unterkunft	17
	Unterwegs auf Fehmarn	26
	Strandprofil	29
	Surfen	32
	Preisniveau	35
	Kurtaxe	37
	Essen und Trinken	37
	Feste feiern	45
	Aktives und Sportives	48
	Tipps für Kids	52
Mensch und Natur	Die Insel	56
	Die Ostsee	60
	Das Klima	70
	Die Menschen	73
	Ein wenig Platt	75
	Geschichte	80
Orte auf Fehmarn	Albertsdorf	86
	Bannesdorf	88
	Bojendorf	90
	Burg	92
	Dänschendorf	113
	Fehmarnsund	115
	Flügge	117
	Gahlendorf	119
	Gammendorf	122
	Katharinenhof	128
	Klausdorf	131
	Landkirchen	133
	Lemkendorf	136
	Lemkenhafen	137
	Meeschendorf	141
	Neujellingsdorf	142
	Orth	143
	Petersdorf	148

INHALT

	Puttgarden	153
	Staberdorf	157
	Srukkamp	160
	Wasservogelreservat Wallnau	161
	Wenkendorf	163
	Westermarkelsdorf	166
	Wulfen	168
Ausflüge	Schiffstouren	176
	Busausflüge	177
	Holsteinische Schweiz	178
	Sea Life Center in Timmendorf	179
	Lübeck	180
	Hansa-Park in Sierksdorf	198
	Wasserski-Anlage in Süsel	200
	Karl-May-Spiele in Bad Segeberg	201
	Heiligenhafen	202
	Oldenburg	204
	Eselpark Nessendorf	206
	Kiel	207
	Laboe	214
	Freilichtmuseum Molfsee	217
	Kalifornien	218
	Museumsbahn in Schönberg	218
	Kindheits-Museum in Schönberg	220
	Gut Panker	220
Fehmarner Essays	Kleiderbügel in groß	224
	Mythos Störtebeker	227
	Pfeif-Verbot beim Segeln	230
	Krabben-Salat	232
	Jimi Hendrix auf Fehmarn	234
	Karibik-Urlaub an der Ostsee	237
	Das Paradies Fehmarn	240
	Fehmarn – britisch oder russisch?	244
	Raps-Ody in Gelb	246
Anhang	Literaturhinweise	252
	Register	260
	Der Autor	263
	Exkurse zwischendurch	264
	Kartenverzeichnis	264

Praktische Reisetipps

Praktische Reisetipps

Info-Stellen

- **Insel-Information,** Landkirchener Weg 2, 23769 Burg, Tel. (04371) 86 86 86, Fax (04371) 86 86 42, e-mail: info@fehmarn-info.de, geöffnet: Mo-Fr 9-17 Uhr, Sa 10-14 Uhr, So geschlossen.
- **Insel-Fehmarn-Wetterbericht,** Tel. (04371) 30 55
- **Veranstaltungstipps,** Tel. (04371) 86 86 55
- **Kurverwaltung Südstrand,** Südstrandpromenade, 23769 Burg, Tel. (04371) 50 05-0
- **Fehmarn im Internet:**
  http://www.fehmarn-online.de
  http://www.insel-fehmarn.de
  http://www.fehmarn-info.de

Verlags-Informationen aus dem Internet:

- Aktuellste Infos und Tipps zur Ergänzung dieser Auflage sowie weiterführende Links finden sich auf der **Verlags-Homepage** unter den Stichwörtern „Latest News" und „Travellinks". Diesen Service bietet der Verlag zu allen Reiseführern von Reise Know-How:
http://www.reise-know-how.de/

Anreise

Per Auto — Zuerst immer nach Norden gen Hamburg, und dann scharf rechts ab. So salopp darf es einmal formuliert werden, denn der angehende Fehmarn-Urlauber genießt einen unschätzbaren Vorteil: Er muss in Hamburg **nicht durch den Elbtunnel** fahren. Die Autobahn A 1 führt nach Lübeck und Fehmarn, aus Richtung Bremen kommend, an diesem Nadelöhr vorbei. Wer also aus dem westdeutschen Raum anreist, rollt über die **A 1** zielsicher nach Fehmarn. Anreisende aus Richtung Hannover, die die **A 7** benutzen, werden am Autobahnkreuz „Horster Dreieck" auf die A 1 übergeleitet und fahren so ebenfalls elegant am stauträchtigen Elbtunnel vorbei.

Bis Lübeck herrscht meist relativ dichter Verkehr, zumal genügend Pendler aus dem Hamburger Umland diese Strecke benutzen. Die alte Hansestadt wird schließlich großzügig umfahren, und

ANREISE

danach verläuft die A 1 entlang der Lübecker Bucht, die Ostsee fast in Sichtweite.

Knapp 20 km vor Fehmarn endet die Autobahn bei **Oldenburg** und geht in die Bundesstraße B 207 über. Jetzt sollten selbst eilige Fahrer das Panorama der Ostsee bei Heiligenhafen genießen, wo sich der Fehmarnsund weit öffnet. Links zieht sich der Strand von Heiligenhafen, im Hintergrund blitzt Fehmarn durch, und auch Segelboote schleichen durchs Bild. Wolken huschen vorbei, Urlaubsstimmung kommt auf.

Die **Fehmarnsundbrücke** kann schon lange vor dem Erreichen bewundert werden. Über die Brücke rollt der Verkehr recht flott. Rechts unten kann man den kleinen Hafen von Fehmarnsund sehen, links den Zeltplatz Strukkamphuk.

Die B 207 verläuft quer **über die Insel** bis Puttgarden und endet dort direkt am Fährhafen, von dem die Fähren nach Dänemark ablegen. Ausgeschildert ist übrigens neben dem gelben Schild der Bundesstraße B 207 auch das grüne der Europastraße E 47. Eine geniale Besonderheit sei noch erwähnt: Auf der Insel verläuft die Bundesstraße zum Fährhafen Puttgarden völlig getrennt vom Inselverkehr. Die B 207 wurde wie in einem kleinen Graben angelegt, links und rechts wurde jeweils ein kleiner Wall aufgeschüttet, alle kreuzenden Straßen führen jeweils über eine Brücke. So kommen sich Durchgangsverkehr nach Dänemark und Inselverkehr nicht in die Quere.

Per Bahn Die Anreise per Bahn ist nicht gerade eine bequeme Möglichkeit. Der einzige **Bahnhof auf Fehmarn** liegt im Inselnorden in Puttgarden. Bis dorthin fahren Züge, einige sogar noch weiter nach Dänemark. Von Puttgarden geht es per Fähre zur dänischen Insel Lolland und von dort weiter bis Kopenhagen. Allzu viele Züge fahren nicht mehr nach Puttgarden, möglicherweise wird der **Fahrplan** in den nächsten Jahren noch weiter eingeschränkt, da jetzt die Brücke zwischen den däni-

Radio Schleswig-Holstein

„Es ist fünf vor Zwölf!" Wahrlich, kein Satz, mit dem man gemeinhin frohe Botschaften zu verbreiten pflegt, in diesem Fall doch. Am 1. Juli 1986 sprach ihn ein Radiomoderator und ließ damit die Sektkorken knallen. Warum? Radio Schleswig-Holstein ging als **erster privater Rundfunksender mit einem 24-stündigen Vollprogramm** auf Sendung. Das war mutig damals, etwas Vergleichbares gab es noch nicht. Der bis dahin allein regierende, o pardon, sendende **NDR** gab sich gelassen – zunächst. Aber nicht lange. Nach einem Jahr hatte der Newcomer dem NDR einen gehörigen Schrecken ein- und Zehntausende von Hörern abgejagt. Zum ersten RSH-Geburtstag wurden Zahlen veröffentlicht, die beweisen, wie sehr der Sender den Norden aufgemischt hatte. Etwa 1 Million Hörer schalteten damals RSH ein, das damit einen **Marktanteil** von 47 % erzielte – aus dem Stand! NDR 2, der Sender, der in etwa die gleiche Zielgruppe anpeilte, kam auf nur 32 %. Scharenweise wechselten NDR-Hörer über zum Newcomer, interne Zahlen sprachen von bis zu 80 % Hörerverlusten. Im NDR kam es zu Krisensitzungen.

Wie sah nun das **Erfolgsrezept des neuen Senders** aus? Eigentlich ganz einfach, RSH kam frisch, fröhlich, optimistisch daher, schraubte die Wortbeiträge auf ein Minimum herunter und spielte Musik, Musik, Musik. Aber nicht irgendwelche. AOktuelle Hits wechselten sich ab mit wiedererkennbaren Songs. Nachrichten gab es immer „fünf vor" der vollen Stunde, das war absolut neu und gilt heute noch. Aber selbst die Nachrichten kommen kurz und knapp daher, Kritiker bemängeln, dass man diese Kurzmeldungen kaum als Nachrichtenbeiträge bezeichnen könne. Sei's drum, Wortbeiträge fallen denkbar kurz aus, regionale Meldungen haben Vorrang und werden poppig-flockig rübergebracht und nicht bedeutungsschwer.

Das kam und schlug wie eine Bombe ein. Ich erinnere mich noch an jene **ersten Wochen,** kein Autoradio, keine Fabrikhalle, Boutique, Kneipe, ohne auf RSH geschaltet zu sein, keine WG, aus der nicht die unverwechselbaren RSH-Jingels dudelten. „Neue Töne aus dem Norden" (Eigenwerbung) war Wirklichkeit geworden. Später kamen **ungewöhnliche Aktionen** dazu, die das Image prägten. So zum Beispiel die unvergessene Live-Übertragung des Werner-Rennens in Hartenholm oder die Sendung „Airport-Report". Die Idee war so simpel wie genial. Ein RSH-Reporter platzierte sich unter der Anzeigetafel am Hamburger Flughafen und las die Verspätungsmeldungen vor, live über Telefon. Aber auch die täglichen **Staumeldungen,** live aus der Verkehrsleitzentrale, sorgten für regelmäßige Einschalt-

Radio Schleswig-Holstein

quoten. Das alles führte zu einer beträchtlichen **Fangemeinde.** Über diese Fans kam die Zeitschrift „DIE ZEIT" beispielsweise knapp 5 Wochen nach Sendestart zu folgendem Urteil: „Die Nord-Hörer führen sich auf wie Leute, die jahrzehntelang ausschließlich Telefonbücher lesen durften und nun die Bild-Zeitung in die Hände gekriegt haben". Na, na, du liebe Zeit ...

Aber aufzuhalten war die neue Welle nicht mehr. **Weitere private Radiosender** gingen auf Sendung, allein im Norden folgten aus Hannover Radio FFN, aus Hamburg Radio Hamburg, und dann verlor man ganz schnell den Überblick. Heute senden im ganzen Bundesgebiet etwa 230 Privatsender mit überregionaler Reichweite, allein in Schleswig-Holstein gibt es jetzt drei. Kurios auch dies, der dritte Sender NordOstseeRadio (NORA) gehört zu gut einem Drittel RSH und Delta Radio, dem zweiten Holsteiner Privatsender. Angestrebte Zielgruppe: die über 35-jährigen, also die, die sich vielleicht am ehesten vom RSH-Gedudel abwenden. Nachdem der NDR acht Jahre geschlafen oder sich in den Schmollwinkel zurückgezogen hatte, schlug er 1994 zurück. Mit N-Joy Radio startete er den Versuch das Blatt zu wenden und den kommerziellen Sendern Hörer wegzunehmen. „Die ZEIT" mäkelte auch diesmal herum: „Der NDR passt sich mit seinem N-Joy Radio nach unten an". Doch das Rad ist nicht mehr zurückzudrehen, die Radio-Landschaft ist derart vielfältig geworden, dass man im Großraum Hamburg allein 30 Sender (öffentlich-rechtliche und private) empfangen kann, da sollte doch jeder seine Nische finden. Eins hat der Erstling aber bis heute durchgehalten, RSH sendet immer noch Punkt Mitternacht unsere Landeshymne, das Schleswig-Holstein-Lied. Hier sind sie wahrlich unverwechselbar.

ANREISE

schen Inseln Fünen und Seeland geöffnet wurde. Somit kann ein Reisender nach Kopenhagen auf die Fähre von Puttgarden zum dänischen Rødby verzichten. Denn jetzt fahren die Züge über Flensburg nach Kolding, weiter auf die Insel Fünen und über die neue Brücke zur Insel Seeland, auf der auch Kopenhagen liegt.

Wer bis Puttgarden per Bahn gereist ist, muss jetzt mit dem Taxi **zu seinem Bestimmungsort** fahren oder sich abholen lassen. Dies stellt natürlich keinen Hinderungsgrund dar, aber da man-

Kreuzungsfreie E 47

UNTERKUNFT

cher Ort auf Fehmarn doch arg abseits liegt, bleiben dem autolosen Urlauber nur das Fahrrad oder die Fehmarner Linienbusse. Beides ist machbar (siehe Unterwegs auf Fehmarn).

Per Bus Ein spezieller Service der Gesellschaft Autokraft, sie bietet an bestimmten Tagen eine Busverbindung **von Berlin** direkt nach Fehmarn an. Hier die Details:

- **Ab Berlin:** Fr, Sa, Mo, Di ab ZOB 10.00 Uhr, Ankunft in Burg 17.45 Uhr
- **Ab Fehmarn:** Fr, Sa, Mo, Di ab Burg 9.00 Uhr, Ankunft Berlin ZOB 16.45 Uhr
- **Preis:** 40 €, Senioren ab 60 Jahre: 28 €
  Hin und Zurück: 68 €, Senioren ab 60 Jahre 55 €
- **Infos:** Haru Reisen, Tel. (030) 3 51 95 20, Fax (030) 35 19 52 19, Seeburger Str. 19B , 13581 Berlin (Spandau) oder Autokraft Heiligenhafen, Tel. (04362) 90 52 0

Unterkunft

In Dörfern Allgemein gesprochen, lässt sich in wohl jedem Fehmarner Dorf eine Unterkunft finden. Zu berücksichtigen bleibt dabei, dass bis auf ganz wenige Ausnahmen **kein Ort direkt am Meer** liegt. Der abendliche Strandbummel nach dem Essen kann natürlich stattfinden, aber einige Kilometer müssen dabei zunächst immer gefahren werden. Weiterhin sollte bei der Auswahl des Quartiers bedacht werden, dass es in etlichen Orten keinerlei **Einkaufsmöglichkeiten** gibt und auch nur in Ausnahmefällen eine Lokalität zum Essen. Auch das stellt grundsätzlich keine Hürde dar, zum nächsten Bäcker oder Kaufmann ist es nie weit. Generell könnte man aber sagen: In manchem Fehmarner Dorf ist schlichtweg nichts los. Dies wird durchaus von vielen Urlaubern als wohltuend empfunden – keine Frage. Aber um eventuellen Enttäuschungen vorzubeugen, muss dies erwähnt werden. Man bewegt sich vielfach doch in sehr ländlichem Umfeld.

UNTERKUNFT

Auswählen und Buchen

Für die gesamte Insel liegt ein umfangreiches **Unterkunftsverzeichnis** vor, zu beziehen über:

- **Fehmarn Tourismus Information,** Landkirchener Weg 2, 23769 Burg, oder: Postfach 1202, 23764 Burg, Tel. (04371) 86 86 86 oder über die bundesweite Rufnummer 1 94 33. Eine weitere Informationsmöglichkeit bietet die 24-Std-Zimmerabfrage unter: (04372) 1 94 12.

Besonderer Service: Viele Quartiere mit einer bestimmten Buchungsnummer können direkt und kostenlos über die Insel-Information gebucht werden. „Nicht suchen, sondern buchen" nennt sich dieser kundenfreundliche Service.

Über die Insel-Information lassen sich auch **Pauschalangebote** buchen, so beispielsweise zur Rapsblüte, Kurztrips zur Wochenmitte, Seniorenangebote oder zur Beach-Volleyball Ferienschule.

Mietvertrag

Hat nun der zukünftige Feriengast eine adäquate Unterkunft ausgewählt, und bestätigt der Vermieter, dass der angestrebte Termin frei sei, wird ein Mietvertrag geschlossen. Dieser ist bindend und kann nicht einseitig aufgekündigt werden. Nimmt der Gast die Unterkunft nicht in Anspruch, muss er trotzdem den vereinbarten Preis zahlen, Gründe für die Absage spielen keine Rolle. Der Anspruch auf Bezahlung erstreckt sich dabei auf die gesam-

te vereinbarte Zeitdauer, es sei denn, der Gastgeber kann die Unterkunft noch anderweitig vermieten. Dazu ist der Vermieter nach Treu und Glauben verpflichtet. Auch wenn der Gast vorzeitig abreist, bleibt er verpflichtet, den vollen Preis zu zahlen. Und umgekehrt? Was passiert, wenn der Vermieter mal einen Gast „ausbucht"? Weil beispielsweise eine FeWo versehentlich doppelt vermietet wurde? Dann muss adäquater Ersatz gestellt werden, wobei „gleichwertig" eben relativ ist. Aber abspeisen lassen muss sich jedenfalls niemand.

Preise Die Preise schwanken teilweise ganz erheblich je nach Saison. In diesem Buch sind immer die Angaben für den **Sommer** zu finden, naturgemäß liegen in dieser Jahreszeit die Preise am höchsten. Die Sommersaison erstreckt sich etwa von Mitte Juni bis Ende August, außerhalb dieser Zeit fallen die Preise teils um die Hälfte. Dummerweise existiert keine inselweit allgemeingültige Regelung für den Terminus „Hochsaison".

Die Preise in diesem Buch betreffend ist zu sagen, dass sie ab dieser Auflage nur noch in Euro angegeben werden. Eventuell „krumme" oder gerundete Preisangaben ergeben sich daher aus der Umrechnung der entsprechenden DM-Preise mit der Umrechnung 1DM=0,51€.

Zu den angegebenen Preisen addieren sich immer noch Extrakosten für die so genannte **Endreinigung.** Diese muss im Vertrag aufgeführt sein und schwankt etwa zwischen 25,50 € und 46 €. Wer möchte, kann auch ein **Wäschepaket** bestellen, es enthält Handtücher und Bettwäsche, der Preis liegt bei etwa 15 € pro Person.

Die Preise wurden in diesem Buch in Kategorien zusammengefasst, so wie es auch die Fehmarner selbst anbieten:

Alles belegt

Campingplätze

€	bis 18 Euro
€€	bis 21 Euro
€€€	bis 23 Euro
€€€€	bis 26 Euro

Basis ist der Preis für einen Stellplatz sowie zwei Erwachsene und ein Kind in der Hauptsaison.

Hotels Pensionen, Privatzimmer

€	bis 30 Euro
€€	30–50 Euro
€€€	50–70 Euro
€€€€	70–100 Euro
€€€€€	über 100 Euro

Der Preis bezieht sich auf ein Doppelzimmer in der Hauptsaison.

Ferienwohnungen und Ferienhäuser

€	bis 50 Euro
€€	50–75 Euro
€€€	75–100 Euro
€€€€	100–125 Euro
€€€€€	über 125 Euro

Der Preis bezieht sich auf die Hauptsaison.

Anreise

Meist wünschen die Vermieter, dass der Gast zum frühen Nachmittag **anreist** bzw. bis etwa 10 Uhr **abreist.** Die Zwischenzeit wird genutzt, um die Unterkunft zu „endreinigen".

Angaben im Buch

Die in diesem Buch empfohlenen Häuser beruhen ausschließlich auf **persönlicher Auswahl des Autors.** Dabei wurde getreu der alten Makler-Weisheit vorgegangen, nach der nur drei Dinge für eine Immobilie zählen: die Lage, die Lage und die Lage. Ein schnuckeliges kleines Haus an einer lauten Durchgangsstraße wird deshalb nur im Ausnahmefall genannt.

Gemütliche Ferienwohnung auf dem Dorf

Unterkunftskategorien

Ferien- Die Auswahl an kompletten Ferienhäusern fällt re-
häuser lativ bescheiden aus, im Unterkunftsverzeichnis
nehmen sie gerade fünf Seiten ein. Vor allem für
Cliquen oder größere Familien wären dies ideale
Unterkünfte. Auf Grund des **begrenzten Kontingents** muss hiernach also immer schon frühzeitig
gefragt werden.

Ferien- Ferienwohnungen (im Buch FeWo oder FeWos
wohnungen abgekürzt) sind die gefragteste Unterkunftsart. In
jedem Dorf sind FeWos zu finden, allerdings auch

Die Hanse – Europas erste Wirtschaftsgemeinschaft

Koggensiegel

„Europe's first Common Market", so charakterisierte die Zeitschrift „National Geographic" die Hanse. Das ist nicht einmal übertrieben, gleichwohl bleibt fasziniertes Erstaunen, schaut man auf die Hintergründe. Immerhin war die Hanse nur ein loser Städteverbund, ohne gemeinsame Verwaltung, Kasse und militärische Macht im Hintergrund. Wie konnte sie also zur Wirtschaftsmacht aufsteigen?

Im 12. Jh. wurden im Ostseeraum verschiedene **Städte gegründet,** zunächst Lübeck, später Rostock, Danzig, Reval und weitere. Schnell blühte der Handel zwischen diesen Orten. Die **Kaufleute schlossen sich zusammen,** fuhren gemeinsam von einem Ort zum nächsten, kauften fremde Waren ein und transportierten sie nach Hause. Sie bildeten eine „Schar" oder „Gemeinschaft", eine „Hanse" eben.

Damals war die schwedische **Insel Gotland Hauptumschlagplatz** für russische Waren, also mussten alle Kaufleute nach Visby, dem Hauptort, fahren und dort Waren einkaufen. Schnell kam der Gedanke, gleich ein Büro, ein **Kontor,** wie es damals hieß, vor Ort in Gotland einzurichten, um ständig präsent zu sein. So konnte man Ware zu jeder Zeit aufkaufen und per Schiff nach Lübeck transportieren.

Da das so gut funktionierte, wurden **weitere Kontore** in Nowgorod, in Schweden, später in Brügge und London errichtet, die Hanse in ihrer neuen Funktion war geboren. Es dauerte nicht lange, und **Leute der Hanse** saßen **in allen wichtigen Handelsplätzen.** Die „Hanseaten" machten sich breit, verdrängten alteingesessene Kaufleute und trotzten den Regenten **Sonderrechte** ab: Sicherheit für die Kaufleute und ihre Waren und vor allem ermäßigte Zölle. **Gehandelt** wurde mit den jeweiligen Hauptprodukten der einzelnen Länder: Pelze aus Russland, Kupfer und Eisen aus Schweden, Heringe aus Dänemark, Stockfisch aus Nor-

Frühform der Kogge um 1250

DIE HANSE

wegen, Stoffe und Tuche aus Flandern und England, Wein und Salz aus Südfrankreich.

Transportiert wurde dies alles mit speziellen Schiffen, den **Hanse-Koggen.** Das waren kleine, bauchige Schiffe von knapp 20 Meter Länge, zeitweise sollen an die 1000 Koggen die Ostsee durchpflügt haben. Eine Nachbildung liegt noch im Museumshafen in Kiel. Heutige Experten beurteilen diese Schiffe übrigens ziemlich kritisch. So zitierte der „Spiegel" einen Kieler Bootsbaumeister, der über eine vier Jahre getestete Nachbildung sagte: „Es waren lecke Kisten mit haarsträubenden Konstruktionsmängeln." Gleichwohl beherrschte die Hanse mit ihren Koggen die Ostsee und Teile der Nordsee. Eine fahrplanmäßige Handelsroute lag bereits im 13. Jhd. fest: Nowgorod – Reval – Visby – Lübeck – Hamburg – Brügge – London und zurück.

Jahrzehntelang hielt dieser **lose Bund,** Probleme und Bündnisse wurden auf einem „Hansetag" beratschlagt. Dennoch erwies sich der lose Zusammenhang schließlich als **Schwäche.** Die Städte wurden politisch stärker, kontrollierten die Hansekontore genauer und beschnitten sogar die Privilegien der Hanseaten. Die eigenen Kaufleute gewannen langsam wieder Oberwasser. Letztlich fehlte auch ein politisches und militärisches Druckmittel, und somit begann ein **schleichender Niedergang.** Hinzu kam das Aufstreben süddeutscher Kaufleute, die massiv in den Handel eingriffen, hier sei nur der bekannteste Name erwähnt, die Familie *Fugger*. Der lose Bund zerbröselte langsam.

1669 fand in Lübeck der **letzte Hansetag** statt, nur noch neun Städte nahmen teil. Ohne besondere Beschlüsse ging man auseinander, die Hanse war erledigt. Drei Städte versuchten noch eine Fortsetzung, Lübeck, Hamburg und Bremen, das klappte aber auch nicht sonderlich gut.

In der **Gegenwart** ist nicht mehr viel von der Hanse geblieben. Im **Autokennzeichen** der drei Städte Lübeck, Hamburg und Bremen findet man heute als schmückenden Zusatz jeweils den Buchstaben **H für „Hansestadt".** Nach dem Fall der Mauer kam eine vierte Stadt hinzu: HRO steht heute für Hansestadt Rostock. Und die Rostocker gingen sogar noch einen Schritt weiter, der **Fußballclub** der Stadt erinnert an alte Zeiten im Namen und Wappen, denn die Spieler von Hansa(!) Rostock tragen eine Hanse-Kogge als Vereinssymbol auf dem Trikot.

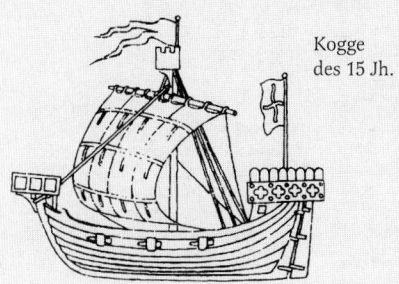

Kogge des 15 Jh.

von unterschiedlichster **Qualität.** Da gibt es hochmoderne Apartments in Neubauten, denen es an nichts mangelt, ebenso wie das ehemalige Kinderzimmer unterm Dach, in das jetzt Gäste einquartiert werden. Und letzteres ist noch nicht einmal die Ausnahme.

Dennoch, eine **FeWo in einem kleinen Dorf** mit Blick über die Felder kann für großstadtgeplagte Menschen ein wahres seelisches Labsal sein. Zumeist umgibt das Haus noch ein Garten, als Liegewiese für die Großen und Spielplatz für die Kleinen ideal. Nicht wenige Bauern haben mittlerweile die Landwirtschaft aufgegeben und ihre Höfe zu FeWos umgebaut. Das kann eine sehr schöne Erfahrung sein, speziell für die Kinder. Meist gibt es noch irgendwelche Streicheltiere. „Richtige" Landwirtschaft findet kaum noch statt, aber ein riesiger Garten lockt zum Toben und Entdecken. Keine schlechte Idee also für Familien mit Kindern.

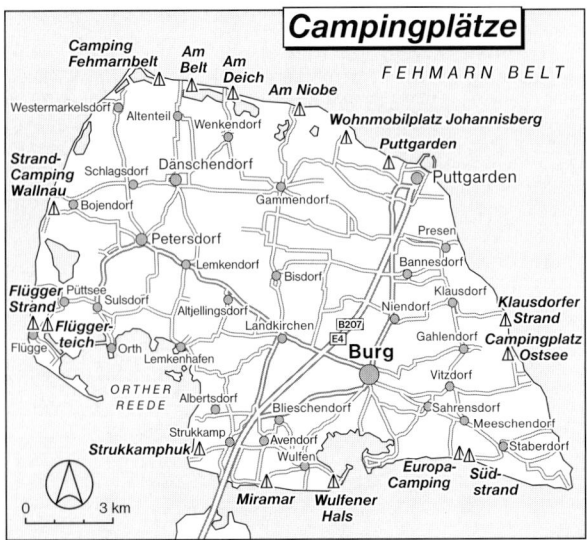

UNTERKUNFT

Dann wären da noch die **FeWos am Südstrand,** untergebracht in drei 17geschossigen Hochhäusern oder in schier endlosen Wohnblocks. Nicht jedermanns Sache, soviel Beton zu genießen, aber immerhin direkt an einem netten Sandstrand gelegen.

Privatzimmer
Privatzimmer gibt es auch! Wer preiswert unterkommen will, ist hier richtig. Allzu viel darf aber nicht erwartet werden, im günstigsten Fall gibt's noch netten Familienanschluss.

Hotels
Hotels sind vor allem in der **Inselhauptstadt** zu finden, weniger in den restlichen Orten. Hotels bieten sich vor allem für kurzfristige Aufenthalte an, vermieten doch die meisten Besitzer ihre Ferienwohnung nicht für wenige Tage.

Campingplätze
Stolze **16 Plätze** gibt es auf Fehmarn, schön verteilt rings um die Insel. Alle Plätze liegen direkt an der Küste, womit sie sich schon dadurch von den meisten Ortschaften abheben. Der ADAC vergab in seiner jährlichen europaweiten Bewertung immerhin dreimal das **Prädikat „Superplatz"** nach Fehmarn, das heißt, dass die ausgezeichneten Plätze zu den besten Campingplätzen Europas gehören. Auf deutsche Plätze fielen insgesamt 9 Auszeichnungen. Folgende Fehmarner Plätze wurden ausgezeichnet: Camping Am Niobe, Strand-Camping Wallnau, Camping Wulfener Hals. Viel Lob also für die Plätze, kein Wunder, dass die Nachfrage ungebrochen groß ist. Die Betreiber bemühen sich auch nach Kräften, bieten ein breites Unterhaltungsprogramm bis hin zu kompletten Show-Veranstaltungen.

Geöffnet sind die meisten Plätze von April bis Oktober, drei Plätze sogar das ganze Jahr über: Strukkamphuk, Wulfener Hals und Miramar.

●**Allgemeine Infos** zu allen Campingplätzen:
Camping-Paradies Ostseeinsel Fehmarn, Postfach 1201, 23764 Burg, Fax (04371) 90 41.

Unterwegs auf Fehmarn

Per Auto

Okay, Sie sind glücklich angekommen, haben sich eingerichtet, die nähere Umgebung erkundet und wollen nun auch etwas von der Insel sehen. Per Auto wäre es am einfachsten, aber wäre es auch sinnvoll?

Speziell die **kleineren Orte** werden in den Sommermonaten von vielen Gästen aufgesucht, da quält sich dann die Blechlawine hinein, parkplatzsuchend herum und irgendwann wieder hinaus, keine gute Idee also. Ähnlich sieht es in **Burg** aus, spätestens ab dem frühen Nachmittag. Das hauptsächliche Geschehen konzentriert sich auf die kopfsteingepflasterte Breite Straße. Dort bummelt alle Welt entlang, aber leider müssen hier auch die Autofahrer durch. Wenn schon, dann sollte umgehend der große Parkplatz an der Osterstraße aufgesucht werden. Auch wer an einen **Strand** fahren will, wird schnell feststellen, dass Parkplätze Mangelware sind, egal wo. Warum also nicht einmal den Wagen stehenlassen?

Per Fahrrad Beinahe ideale Voraussetzungen bietet die Insel für Radfahrer. Sie ist flach wie eine Flunder, nicht der kleinste Hügel fordert die Pedalritter. Die ganze Insel durchziehen obendrein neben den wenigen Hauptstraßen viele schmale, aber immer **asphaltierte Wege.** Die Autofahrer beachten diese in den Karten mit dünnen Linien gezeichneten Straßen zumeist nicht, weshalb die Radler hier ruhige Wege vorfinden.

Und noch ein psychologischer Vorteil: Zum nächsten Ort sind **die Entfernungen immer kurz,** mal 2 km, mal 3 km. Da merkt man dann gar nicht, wie viele Kilometer man zurücklegt. Ich selbst bin wohl an die 200 km kreuz und quer über die Insel geradelt. Einziger wirklich störender Faktor ist der **Wind!** Das kann man nicht negieren: Auf der freien Fläche pustet es meist ganz gewaltig, wer da gegenanfahren muss, kommt gut ins Schwitzen. Ein Trost, der nächste Ort liegt nur etwa 2 km entfernt ...

Die Insel kann man problemlos auf eigene Faust erradeln, aber auch nach einem festen System. Die Insel-Information hat insgesamt acht **Touren** auf Fehmarn angelegt, die mit einem einheitlichen Beschilderungssystem versehen wurden. Die roten Zahlen kennzeichnen die Touren, die darunter angebrachten grünen Zahlen bezeichnen den

Radeln auf ruhiger Strecke

Standort. Diesen Zahlen kann man also folgen und fährt dann eine der acht Routen ab. Vorteil dieser Ausschilderung ist, dass die Tour an jedem beliebigen Punkt gestartet werden kann. Die Touren überlappen sich teilweise, deshalb sind dann auf den Schildern oben manchmal zwei rote Nummern zu finden. Die Touren sind so angelegt, dass sie auch ungeübte Radler schaffen können, sie messen zwischen 14 und 24 km.

Wer sich ein **Rad leihen** möchte, zahlt etwa 5,10 € pro Tag, ab einer Mietdauer von einer Woche wird es meist billiger.

Per Bus

Theoretisch lassen sich viele Ziele auf der Insel auch per Bus erreichen, praktisch sieht es aber dann doch so aus, dass man immer einen Blick auf den Fahrplan werfen muss. Allzu häufig verkehren die Busse nämlich nicht, das ganze Netz ist auf die Inselhauptstadt Burg ausgerichtet.
Folgende **Linien** existieren:

- **Linie 5751:** Burg – Burgtiefe – Puttgarden (Mo-Sa zwischen 7.33 und 19.28 etwa stündl., So seltener)
- **Linie 5752:** Burg – Wulfen – Fehmarnsund – Strukkamp – Burg (Mo-Fr drei Touren am Vormittag an Schultagen)
- **Linie 5753:** Burg – Klausdorf – Katharinenhof – Staberndorf – Burg (Mo-Sa vier Touren am Vormittag an Schultagen)
- **Linie 5754:** Burg – Lemkenhafen – Petersdorf – Orth (Mo-Sa zwischen 7.00 und 19.00 Uhr etwa alle 2 Std.)
- **Linie 5756:** Petersdorf – Westermarkelsdorf (Mo-Fr 4 Fahrten vormittags an Schultagen)
- **Linie 5811:** Puttgarden – Burg und weiter aufs Festland nach Oldenburg (etwa einmal stündlich zwischen 5.00 und 21.30 Uhr, So seltener)
- Weiterhin pendelt ein so genannter Bürgerbus dreimal am Tag zu Zielen, die von den Linienbussen vernachlässigt werden. Dieser Bürgerbus verkehrt Mo-Fr, ausgenommen an Feiertagen. Die Routen:

Tour 1: innerhalb Burg
Tour 2: Burg – Neue Tiefe – Sahrensdorf – Südstrand – Meeschendorf – Staberdorf – Katharinenhof – Witzdorf – Burg

„Steilküste"

Tour 3: Burg – Wulfen – Wulfener Hals – Campingplatz Miramar – Avendorf – Blieschendorf – Burg
Tour 4: Burg – Landkirchen – Teschendorf – Albertsdorf – Strukkamp – Albertsdorf – Westerbergen – Lemkenhafen – Neujellingsdorf – Sartjendorf – Landkirchen – Burg
Abfahrten jeweils gegen 10, 14 und 17 Uhr.

● Außerdem werden zwei **Anruf-Sammeltaxen** angeboten. Diese befahren feste Routen nach festen Abfahrtszeiten. Wer mitfahren will, meldet sich bis 30 Min. vor Beginn der Fahrt unter Tel. (04371) 33 49 (Taxi Barnasch) an. Zu nennen sind gewünschte Abfahrtsstelle, Zielort, Anzahl der Personen. Die Kosten sind identisch mit dem Bustarif.

Sammeltaxi Nr. 1 fährt auf folgender Route: Burg – Schlagsdorf – Dänschendorf – Gammendorf – Grüner Brink – Krummensiek – Puttgarden – Bannesdorf – Niendorf – Burg. Die Abfahrtszeiten: Mo-Sa um 9.02, 12.50, 16.50 Uhr ab Burg.

Sammeltaxi Nr. 2 fährt die Strecke Burg – Presen – Klausdorf – Gahlendorf – Vitzdorf – Staberndorf – Meeschendorf – Burg, Mo-Sa um 10.30, 12.30, 17.30 Uhr.

Strandprofil

Fehmarn hat 78 km Küstenlinie, und die Insel wird fast durchgehend von Strand umschlossen. Das klingt gut, aber ein klein wenig muss es doch relativiert werden. An vielen Stellen zeigt sich der

Strand nämlich recht schmal und **„naturbelassen"** – eine feine Umschreibung für die Tatsache, dass er eben so ist, wie die Natur ihn geschaffen hat, vor allem von Steinen durchsetzt.

Der schönste Strand liegt auf dem Nehrungshaken bei der Inselhauptstadt Burg und wird **Südstrand** genannt. Dort entstanden in den 60er/70er Jahren dann auch riesige Ferienwohnungs-Komplexe, darunter drei Beton-Monster von 17 Etagen! Allerdings mit einem unschätzbaren Vorteil: Ausnahmslos alle FeWos haben Seeblick!

Am Südstrand findet der Gast auch die einzige Strandpromenade, denn auf der ganzen Insel liegen nur **wenige Orte direkt am Meer.** Neben Südstrand sind das Orth, Lemkenhafen und Puttgarden. Alles kleinere Orte, in denen der Tourismus keine so große Rolle spielt. Wer also auf Fehmarn Urlaub macht und weder auf einem Campingplatz noch in einem der drei strandnahen Orte wohnt, muss immer ein paar Kilometer fahren, um zum Strand zu gelangen. Das stellt keine echte Hürde dar, denn mehr als 2-5 km sind es in der Regel kaum. Das schafft sogar ein ungeübter Radfahrer. Wer unbedingt mit seinem Auto fahren will, wird schnell vor Parkplatzprobleme gestellt.

An einigen Stellen, vor allem in **Osten,** erhebt sich eine Steilküste, dort zeigt sich der Strand von einer ziemlich rauen Seite. Er ist relativ schmal, von faustgroßen Steinen und vereinzelt sogar von dicken Felsbrocken durchsetzt. Natürlich, ein Plätzchen findet sich immer, aber leider liegen diese Steine auch im Wasser, getrübte Badefreuden also.

An der **Nordküste** weist der Strand dann nicht mehr so viele Steine auf. Der Strand zieht sich durchgängig von Puttgarden bis zum äußersten Nordwestzipfel entlang. Zumeist feinsandig, wenn auch vereinzelt mit Steinen durchsetzt, misst er in der Breite zwischen 5 und 20 Meter. Begrenzt wird der Strand von einem kleinen Deich und über weite Strecken von einem Wäldchen. Ziemlich genau in der Mitte liegt obendrein das Natur-

Bernstein – das Ostseegold

Auch auf Fehmarn kann man Bernstein finden. Mit engelsgleicher Geduld in leicht gebückter Haltung wandern immer mehr Urlauber an den Stränden entlang, auf der Suche nach Bernstein. Wer es einfacher haben will, kauft sich eine Bernsteinkette im Geschäft, beispielsweise in Burg. Mit ziemlicher Sicherheit wird man hier keine Falsifikate bekommen, dennoch kann es ja nicht schaden zu wissen, wie man Fälschungen erkennt. Zwei Möglichkeiten der schnellen Prüfung hat auch der Tourist. Bei der so genannten Zahnprobe klopft man leicht mit dem Bernstein gegen die Zähne, bei Bernstein ergibt sich ein dumpfer, weicher Klang, bei einer Fälschung aus Stein klingt es heller und härter. Diese Probe wird kaum ein Händler verwehren können, folgende Beispiele schon eher, sie sind dafür aber auch eindeutiger. Wer ein Feuerzeug bei sich hat, kann die Feuerprobe versuchen. Der Bernstein wird mit einer ruhigen Flamme brennen und ein Aroma verbreiten, während Kunststoffe bei unruhiger Flamme beißend riechen. Für die dritte Möglichkeit wird wohl niemand die Gelegenheit und die nötigen Utensilien haben, sie sei dennoch hier erwähnt. Wird der Bernstein in einen Topf mit gesättigter Salzwasserlösung geworfen, schwimmt er an der Oberfläche, Steine und die meisten Kunststoffe versinken.

schutzgebiet Grüner Brink. Speziell an der Nordwestspitze pfeift der Wind ziemlich heftig, kein Wunder, dass sich hier die Surfer treffen.

Die **Westseite** wird im nördlichen Teil von einem relativ schmalen Strand geprägt, der größtenteils feinsandig, aber auch nicht völlig frei von Steinen ist. Im südlichen Bereich der Westseite nimmt das Wasservogelreservat Wallnau viel Platz ein, hier dürfen Urlauber die Strandzonen nicht betreten.

Die **südwestliche Seite** zeigt sich als ruhiges Gebiet, ein Nehrungshaken schützt gewissermaßen die Küste. Dieser langsam entstehende Binnensee wird Orther Reede genannt und gilt als beliebtes Surfrevier für Anfänger. Der Strand ist durchgängig recht schmal.

Die **südöstliche Seite** weist ebenfalls eine schmale Strandzone auf, diese wird durch den Burger Binnensee unterbrochen. Zwei Nehrungshaken wandern hier aufeinander zu und bilden den oben erwähnten Südstrand.

Surfen

Unter Windsurfern gilt Fehmarn als eines der besten Reviere, da sowohl Einsteiger als auch Erfahrene hier ihre jeweiligen Ecken finden. Hier ein kurzer Überblick über die Reviere.

Orther Reede

Dieses Revier liegt auf der Südwestseite Fehmarns und gilt mit maximal 1,50 m Tiefe als **Stehrevier.** Hier können sowohl Anfänger gefahrlos üben, als auch gestandene Surfer entlangsausen. Wer ins Wasser plumpst, wird zumeist hüfthoch im Meer stehen, tiefer ist es selten. Die Bucht ist derart geschützt durch einen Nehrungshaken (Achtung:

SURFEN

Naturschutzgebiet, nicht anlanden!), dass sich nur selten Wellen bilden. Bei Westwinden herrschen ideale Bedingungen.

Zugänge sind in Orth, in Lemkenhafen und in Gold zu finden. In Orth parkt man am Hafen und schleppt seine Ausrüstung ein paar hundert Meter um den Segelhafen herum zum Surfplatz. In Lemkenhafen kann das Auto an der Straße direkt am Wasser oder auf einem kleinen Parkplatz abgestellt werden. Gold wiederum wird über eine ziemlich schmale Straße erreicht, die unmittelbar am Deich endet. Dort wird es schnell voll, vor allem am Wochenende parken hier Dutzende von Campingmobilen auf sehr begrenztem Raum.

Ostküste Die gesamte östliche Inselseite eignet sich weniger zum Surfen, die **Steilküste** mit Steinen und Felsbrocken im Wasser ist einfach zu rau.

Nordküste Die Nordküste eignet sich **nur für Könner**. Hier können Surfer vor allem bei Westwind Brandungssurfen betreiben, der Grüne Brink hingegen wird bei Ostwind geschätzt. Da dort eine knapp zwei Kilometer lange Sandbank parallel zur Küste verläuft, können hier auch noch nicht ganz so sichere Surfer Erfahrungen sammeln.

Zugänge sind vor allem über Westermarkelsdorf, Grüner Brink, Altenteil und Niobe möglich. Zufahrten sind unterschiedlich, in Westermarkelsdorf kann gegen Gebühr direkt hinter dem Deich geparkt werden. Altenteil hat ebenfalls Parkmöglichkeiten, und ein Campingplatz liegt direkt am Strand. Bei Niobe muss das Gerät ziemlich weit geschleppt werden, Parkraum gibt es in kleinem Rahmen, wer möchte, geht gleich auf den strandnahen Campingplatz. Grüner Brink ist ein Natuschutzgebiet, entsprechend ist die Küste in weiten Bereichen tabu. Zugang besteht beispielsweise beim Campingplatz Puttgarden oder über die Zufahrt bei Johannisberg. Dort landet man aber direkt vor dem Naturschutzgebiet und muss sein Board noch etliche Meter schleppen, bevor man ans Wasser gelangt.

Burger Binnensee
Der Burger Binnensee liegt an der Südwestseite und gilt ebenfalls als **Stehrevier.** Bei Ostwinden sausen die Könner vom Südstrand hinüber zum Hafen Burgstaaken oder zum Campingplatz Wulfener Hals.

Damit wären auch schon die drei **Zugänge** benannt, beim Campingplatz in Wulfen werden sogar perfekte Surfer-Bedingungen geboten. Wohnmobile können gegen Gebühr außerhalb des Campingplatzes stehen, von dort sind es nur ein paar Meter bis zum Wasser. Außerdem bietet eine Surfschule Kurse auf dem Zeltplatz an.

Westseite
Im Westen Fehmarns versuchen sich einige Könner am **Flügger Strand.** Auf dem strandnahen Campingplatz kann man übernachten. Das Revier ist aber nicht ganz einfach, Steine und Buhnen im Wasser gilt es zu beachten.

Keine Angst, auf dieser Preisliste sind DM angegeben

Preisniveau

Nein, Fehmarn kann man nicht als teures Pflaster bezeichnen, so pauschal darf es einmal gesagt werden. Wahrscheinlich werden die wenigsten Urlauber längere Zeit in einem Hotel verbringen, denn das käme natürlich immer teuer. Die meisten Gäste mieten sich eine Ferienwohnung (FeWo) oder gehen auf einen der **16 Campingplätze.** Zum Thema Camping muss nicht viel gesagt werden, billiger übernachten kann man nur noch im Schlafsack am Strand. Und die Campingplätze auf Fehmarn genießen einen guten Ruf, immerhin stufte der ADAC drei davon als europäische Superplätze ein. Die Zeiten, wo man sein Zelt aufbaute und ansonsten gerade noch eine Einkaufs-

Bismarckhering	3.-
Bratfilet	3.-
Seelachschnitzel	3.-
Matjesfilet	3.-
Räucherfisch	
Makrele	3.-
Heilbutt	3.-
Schillerlocken	3.-
Aal	5.-
Räucherlachs	5.-
Krabben	5.-
Frikadellen	1.50
Frikadellen selbst gem.	3.-

PREISNIVEAU

gelegenheit bestand, sind schon lange vorbei. Die besten Plätze bieten ein reichhaltiges Animationsprogramm, nicht nur für Kinder.

Ferienwohnungen liegen im Preis in der Hauptsaison bei 51-76 €, selten darunter, vereinzelt darüber. In der Nebensaison kann der Preis ganz beachtlich sinken, leider definiert jeder Vermieter den Termin „Nebensaison" anders. Die Preiskategorien für Campingplätze, Hotels, Pensionen und Privatzimmer sowie Ferienwohnungen und Ferienhäuser: siehe Unterkunft, Preise.

Wer eine FeWo mietet, wird sich meist selbst verpflegen. Die meisten der kleinen Fehmarner Dörfer haben keinen eigenen Laden, aber das spielt keine große Rolle, denn die Entfernungen sind gering. Die größte Auswahl an **Supermärkten** gibt es in Burg, an der Landkirchener Straße. Dorthin kommen vereinzelt sogar dänische Reisegruppen, kaufen ein und fahren mit der nächsten Fähre zurück. Neben Burg kann vor allem in Landkirchen und Petersdorf eingekauft werden, auch in Wulfen ist es möglich, aber dann hört es doch recht schnell auf.

Einkaufsbummel in Burg

KURTAXE, ESSEN UND TRINKEN

Und selbst wer einmal zum Essen ins **Restaurant** gehen möchte, wird nicht erschrocken zurückzucken. „Sylter" Preise gibt es auf Fehmarn nicht, alles bleibt im Rahmen. Die meisten Restaurants glänzen nicht mit teuren Gerichten, sie wollen eher die breite Masse locken.

Was bleibt sonst noch an Kosten? **Kurtaxe** wird nur am Südstrand fällig, und **Strandkörbe** (6 €/Tag, ab 14.30 Uhr 4,50 €, Wochenkorb 30,50 €, ganze Saison 194 €) werden nur vereinzelt angeboten. Dann kämen noch die Kosten für ein **Mietfahrrad** dazu (zumeist 5,10 € pro Tag). Da gute Möglichkeiten zum Bummeln und Flanieren und damit zum Geldausgeben sowieso nur in Burg gegeben sind, kann ein Fehmarn-Urlaub durchaus preiswert ausfallen. Es gibt eben nicht in jedem Dorf eine Shopping-Möglichkeit oder eine Szenekneipe. Auch irgendwie tröstlich.

Kurtaxe

Auf Fehmarn wird Kurtaxe nur am **Südstrand** erhoben, etliche andere Orte werben mittlerweile sogar ganz offen mit dem Lockmittel „kurtaxenfrei".

16.3. – 15.6.	1,50 €
6.6. – 15.9.	2,50 €
16.9. – 31.10.	1,50 €

Höchstabgabedauer für einen zusammenhängenden Urlaub sind 21 Tage. Kinder und Jugendliche bis zur Vollendung des 18. Lebensjahres sind von der Zahlung befreit.

Essen und Trinken

Essen

Allgemeine Merkmale

Schon von den Wikingern hieß es, dass sie einen unstillbaren Hunger auf Met, Frauen und Schwei-

Die Kurtaxe – eine Polemik

Dann wäre da noch die Kurtaxe, Meere von Tinte sind bereits vergossen worden, sowohl von schimpfenden Kritikern als auch von sich rechtfertigenden Kurdirektoren. Wer die jeweiligen Prospekte durchblättert, gewinnt den Eindruck, dass die kleineren Orte den größten **Rechtfertigungsdruck** haben. Vielleicht, weil das Kurangebot doch manchmal arg dünn ausfällt. Zitieren wir einmal: „Sie ist ein echtes Entgelt zur Finanzierung bestimmter Veranstaltungen und Leistungen, die für den Kurgast bereitgehalten und von der großen Mehrzahl auch gewünscht werden."

Wirklich? Will die große Masse wirklich im Lesesaal einer großen Kurhalle hocken und die örtliche Zeitung lesen? Dem Kurkonzert lauschen? Heilwasser schlucken? Ich wage zu behaupten: Nein. Am Strand liegen, sich die Sonne auf den Bauch brennen lassen und baden, das sind die **Bedürfnisse des durchschnittlichen Urlaubers.** „Halt", schreien da die Kurdirektoren, „genau deshalb musst du ja zahlen, wir halten den Strand sauber und sorgen für Sicherheit." Ach so. Lustig ist nur, dass Nachbarländer wie Dänemark oder die Niederlande es ohne diese Abgabe schaffen, von den Mittelmeerländern ganz zu schweigen.

Was, wenn nun der Gast sagt, er wolle all die Kurangebote gar nicht nutzen, er wolle **nur baden.** Ist nicht, belehrt ihn § 3, Abs. 2 der Kurabgabesatzung: „Die Kurabgabe ist ohne Rücksicht darauf zu zahlen, ob und in welchem Umfang die öffentlichen Kur- und Erholungseinrichtungen benutzt werden." Eine Illustrierte bezeichnete die Kurtaxe einmal als „moderne Strandräuberei", das hagelte vielleicht Proteste!

Ohne Kurtaxe kommt man in den meisten Ostseebädern nicht **an den Strand** – keine Chance! Darf man deshalb von „Eintrittsgeld" sprechen? Welche Kurvorteile genießt ein **Tagesgast** neben Sonne, Strand und Wellen? Eine Dusche vielleicht, einen Klobesuch möglicherweise, aber dafür mancherorts bis zu zweieinhalb Euro?

Kein Wunder, dass sich hartnäckig jenes Gerücht hält, das besagt, dass die Kurdirektoren einmal im Jahr die Vertreter des **Preußischen Landtages** hochleben lassen. Diese hatten 1893 verfügt, dass Gemeinden von Bade- und Kurorten Gebühren erheben dürfen, um Kureinrichtungen zu unterhalten. Seitdem wird gemurrt und gezahlt. Und anscheinend lohnt es sich, denn 1997 entschloss man sich in Eckernförde, die Kurtaxe wieder einzuführen, nachdem sich die Urlauber 20 Jahre lang abgabenfrei gesonnt hatten.

Rechtzeitig zur Sommersaison 1998 preschte *Heide Simonis* vor, immerhin Ministerpräsidentin von Schleswig-Holstein. Sie sagte in einem Zeitungsinterview, dass es wünschenswert sei, die **Kurtaxe ersatzlos zu streichen.**

Die Kurtaxe – eine Polemik

Kurstrand
Nur für Inhaber von Kurkarten
Hunde ob groß, ob klein dürfen nicht am Strande sein
Tageskurkarten sind bei den Strandwärtern zu lösen.

An ihre Stelle müsse ein gerechteres und preiswerteres System treten. Obendrein bezeichnete die Ministerpräsidentin die Kurtaxe als ein sehr deutsches System – wohl allzu wahr! Sofort gab es Gegenwind, der Nordseebäderverband konterte, dass bislang kein Modell bekannt sei, dass ebenfalls 36 Mio. Euro (für ganz Schleswig Holstein) in die Kassen bringe.

Also ich hätte da ja einen Vorschlag. Wie wäre es, wenn statt der Kurtaxe ein **„Getränkegroschen"** eingeführt wird. Auf jedes an der Küste geleerte Glas Bier, Wein oder Korn 10 Pfennig draufschlagen. Einen Groschen, mehr nicht. Es merkt eh' niemand, es tut keinem weh und erfüllt auch seinen Zweck. Das Kind muss nur einen netten Namen bekommen, wie etwa „Schluck-Abgabe" oder „Trunk-Zehner". Und das ganze dann verkaufen unter dem Motto „Trinken für einen guten Zweck!"

Wäre das gerechter? Nein, natürlich nicht, aber vielleicht lustiger. Außerdem: Es sollte doch wohl möglich sein, an der gesamten Küste während einer Saison 700 Millionen Gläser zu leeren, oder? Dann wären nämlich die 36 Mio. Euro durch Kurtaxen wieder drinnen. Also, auf geht's, es gibt viel zu tun, packen wir die Gläser an!

Die Kurtaxe – ein historisches Relikt

Essen und Trinken

nefleisch hatten. Falls das stimmt, ist uns Holsteinern zumindest die Grundrichtung der Speisen vererbt worden, nämlich dass die **Küche kräftig** sein muss. Ein zweiter Merksatz: „Wat de Buer nich kennt, dat fritt he nich" (Was der Bauer nicht kennt, das frisst er nicht). Nun ja, soll heißen, dass kulinarische Köstlichkeiten von außerhalb, die über Pizza und Chop Suey hinausgehen, schwer in Holstein Fuß fassen. **Bodenständigkeit** ist eben ein Merkmal der Bewohner, das drückt sich auch in der Küche aus. Und wie sieht die nun aus?

Fisch

Da wäre zunächst einmal Fisch zu nennen: Seezunge, Scholle, Aal, Makrele, Hering, hier besonders der zarte Matjes zu erwähnen, bekommt man überall an der Küste. Fisch wird gebraten, gedünstet, gekocht oder auch geräuchert serviert, soweit nichts Neues, aber da taucht auch schon eine Besonderheit auf, was ist **Grüner Aal?** Nichts weiter als in Wasser und Wein gekochter Aal, wer hätte das gedacht?

Matjes

Labskaus

Essen und Trinken

Oder wie wäre es mit **Kieler Sprotten?** Die kommen zumeist noch nicht einmal aus der Landeshauptstadt, werden aber mit Haut und Haaren verputzt, soll heißen mit Gräten (aber ohne Kopf und Schwanz).

Fleisch, Gemüse, Obst

Auch nicht jedermanns Sache ist **Swattsuer,** Schwarzsauer, eine Speise, bei der kleingeschnittene Fleischstückchen in Blut gekocht werden.

Rübenmus wird gerne im Herbst gegessen, wenn die Rüben geerntet worden sind. Man zerkleinert zunächst Steckrüben, lässt sie lange garen, kocht dann Möhren (oder auch Kartoffeln) und zermust schließlich das ganze Gemüse in einem Topf. Serviert wird das Rübenmus mit kleingewürfeltem Speck und Kochwurst.

Grünkohl mit Schweinebacke, Kochwurst und gezuckerten Kartoffeln ist ein weiteres Gericht, das wohl auch den Wikingern gemundet hätte. Serviert wird es in der kalten Jahreszeit.

Im Sommer wird gerne **Rote Grütze** angeboten, ein leckerer Nachtisch aus eingekochten Himbeeren, Johannisbeeren oder Kirschen mit Milch oder Vanillesauce.

Und dann wären da noch **Labskaus,** ein eigenwilliges Essen, das nicht jeder mag. Das liegt aber mehr an seinem Aussehen, denn das Gericht

Essen und Trinken

leuchtet rot. Die Bestandteile sind: Pökelfleisch vom Rind oder Schwein, Gurken, Matjesfilets, Rote Beete (daher die Farbe) und Kartoffeln. Alles wird gut vermischt und mit einem Spiegelei garniert. Es schmeckt besser als es aussieht.

Wer im Frühsommer kommt, sollte einmal **Spargel** mit Katenschinken probieren, dazu ein paar Salzkartoffeln, fertig!

Und wer auf der Speisekarte ein **Bauernfrühstück** entdeckt, ist endgültig überzeugt, das die Holsteiner Bauern von den Wikingern abstammen. Dieses „Frühstückchen" besteht nämlich aus Bratkartoffeln, Würfelschinken, Gurken und Rührei.

Trinken

Schnaps und Bier

Wer so deftig isst, benötigt einen **Klaren** zum Nachspülen, einen „Verteiler", wie es schön an der Küste heißt, oder auch einen Lütten, gemeint sind *Korn* oder besser noch *Aquavit,* wobei die dänischen und norwegischen Schnäpse von Kennern bevorzugt werden. Eiskalt serviert, das Glas muss

Bauernfrühstück

Essen und Trinken

noch eisbeschlagen sein heißt es dann: „Nich' lang schnacken – Kopp in' Nacken" und weg damit!

Dazu gibt es **Bier** und sonst nichts! Die Bügelflasche mit dem Plopp-Geräusch aus Flensburg hat ja mittlerweile fast Kult-Status, aber auch andere, meist kräftige Biere fließen aus dem Hahn. Wein ist nicht so verbreitet, nur in Lübeck gibt es ganz ausgezeichneten Rotwein, „Rotspon" genannt.

Grog mit Variationen

Wer im Winter die Küste besucht, kommt um einen **heißen Grog** nicht herum. Norddeutschtrockene Beschreibung: „Rum mut, Water dörv, Zucker kann" (Rum muss, Wasser darf, Zucker kann). Damit sind die Bestandteile schon genannt. Ein Grog wärmt herrlich durch nach einem ausgedehnten Spaziergang am winterlichen Strand. Serviert wird er in dünnen, hohen Gläsern. Ein Stößel steckt im Glas, mit dem man den Zucker zerkleinert und umrührt.

Mischt man den Rum nicht mit Wasser sondern mit Rotwein, entsteht ein **„Eisbrecher",** da taut dann sogar der Norden auf.

Harmloses mit Schuss

Tja, und dann gibt es noch so nette Getränke wie **Pharisäer, Tee-Punsch** oder **Tote Tante.** Allen gemein ist, dass die Gläser vermeintlich „nur" Tee oder Kaffee beinhalten, sich aber in Wirklichkeit immer einen Schuss Rum oder Korn darin versteckt.

Früher soll nämlich ein Pastor, der immer erbittert von der Kanzel gegen den Alkohol gewettert hatte, nach dem Kirchgang noch zum Mittagessen eingeladen worden sein. Die männlichen Gäste tranken Kaffee mit Sahnehäubchen und wurden langsam aber sicher immer lustiger. Was der gute Pastor erst viel zu spät bemerkte, war, dass die plietschen Bauern sich immer einen Schuss Rum unter die Sahnehaube ins Glas gossen. Als er es endlich bemerkte, rief er verzweifelt aus: „Ihr seid mir ja schöne Pharisäer!" So ist der Name entstanden, und das zeigt, dass die Bauern doch manchmal etwas „fressen", was sie nicht kennen.

ESSEN UND TRINKEN

Eine „Tote Tante" besteht aus einer halben Tasse süßer Schokolade, in das ein großes Schnapsglas Rum gegossen wird, darauf kommt anschließend eine Haube geschlagene Sahne, die noch mit Schokostreusel garniert wird.

6-Taler-Gerichte

Ein Tipp zum Schluss: Seit ein paar Jahren läuft eine interessante Aktion an der Küste, unter dem Motto „Die Ostsee tischt auf – 6-Taler-Gerichte" veranstalten verschiedene Verbände einen kulinarischen Wettbewerb. Die Grundbedingung ist, dass die **6-Taler-Gerichte** das ganze Jahr über und für nur 6 Taler (= 9,20 €) angeboten werden. Die Kalkulation muss bei der Endausscheidung des Wettbewerbs mit eingereicht werden. Die Gerichte werden in einigen Fehmarner Restaurants angeboten, es lohnt sich also, gezielt nach dem 6-Taler-Gericht zu fragen.

Hereinspaziert!

Rapsblütenfest

Feste feiern

Februar
- **Inselkarneval** am Samstag vor Rosenmontag in Burg auf dem Marktplatz, der Norden taut auf.

Mai
- **Rapsblütenfest** in Petersdorf. Etwa in der Monatsmitte, kann auch Ende des Monats stattfinden. Steht der Raps in voller Blüte, wird ein dreitägiges Fest gefeiert. Höhepunkt ist die Wahl der Rapskönigin.

Mai-Juli
- **Burger Kunsttage,** ein buntes Programm mit Autorenlesungen, Kunstausstellungen und klassischen Konzerten.

Juni
- Monatsanfang: **Insel-Fahrrathon.** Radsportbegeisterte können zwischen drei Strecken wählen, frei nach dem Motto „Sattelfest für Sattelfeste".
- Ende des Monats: **Altstadtfest in Burg.** Alle 2 Jahre (2002 etc.) wird auf dem Marktplatz das Tanzbein geschwungen, ein bunter Festumzug bildet den Höhepunkt.

Juli
- Monatsanfang: **Ringreiten.** Traditionelles Fest, bei dem junge Reiter im vollen Galopp eine Lanze durch einen schmalen Ring stoßen müssen.

Mythos Harley Davidson

„Bei uns kauft man eine Philosophie, das Motorrad gibt es dazu", so selbstbewusst kann nur einer auftreten: *Harley Davidson*. Kaum etwas vermittelt emotionaler den **Traum von grenzenloser Freiheit** als ein Ritt mit einer Harley über Amerikas Straßen.

Peter Fonda und *Dennis Hopper* machten es 1969 in dem Kultfilm „Easy Rider" vor. Etwa 50.000 **Deutsche** leben diesen Traum heute nach. Wer eine Harley kauft, wird für ein Jahr automatisch Mitglied bei der H.O.G., der Harley Owners Group. Nach einem Jahr kostet die Mitgliedschaft dann eine Gebühr, etwa 10.000 Deutsche zählen trotzdem dazu, weltweit sind es stolze 370.000 Mitglieder. Die Nachfrage nach Harley-Davidson-Maschinen übersteigt seit Jahren das Angebot; knapp 5000 Maschinen werden alljährlich in Deutschland abgesetzt.

Der Mythos Harley lebt, mehr denn je. Gegründet kurz nach der Jahrhundertwende im Jahr 1903, steuert das **Unternehmen** stolz auf den einhundertsten Geburtstag zu. Durch manchen geschäftlichen Sturm mussten die Schrauber aus Milwaukee gehen. Als die Japaner mit Macht auf den amerikanischen Markt drängten, verfügte *Ronald Reagan* ruck, zuck einen fünfprozentigen Einfuhrzoll. Aber auch eine konsequente Kundenorientierung brachte viele Fans zurück. Zum Beispiel besuchten die Chefs persönlich Harley-Treffs, hörten sich die Wünsche der Biker an und setzten diese um.

Harley-Fahrer sind Genießer. Sie rasen nicht über die Autobahnen, sondern sitzen ganz entspannt auf ihrer Maschine, lässig zurückgelehnt, einen Integralhelm verschmähend – aber natürlich nicht helmlos – und rollen über

MYTHOS HARLEY DAVIDSON

staubige Landstraßen. Der Durchschnittskunde zählt zu den etwas gesetzteren Jahrgängen um die 40 mit einem respektablen Einkommen von 65.000 Dollar. „Sahen so ihre Jugendträume aus?" fragt geschickt eine Harley-Werbung und zeigt einen in die Pflichten des Alltags eingebundenen Menschen. Nein, natürlich nicht, aber ausbrechen geht auch nicht mehr so richtig. Ein bisschen zumindest hilft Harley-Fahren dabei, denn eine Harley kommt einfach nicht aus der Mode. Harley-Boss *Teerlink* brachte es auf den Punkt: „Wir sind billiger als die Couch beim Psychiater."

Wer mal eine erste Prise von der großen Freiheit erschnuppern möchte, kann dies beim alljährlichen **Treffen der Harley-Davidson-Fahrer** Mitte September in Burg auf Fehmarn.

Harley Heritage Springer

Jubiläums-Festival 1998 am Faaker See in Österreich

AKTIVES UND SPORTIVES

- **Monatsanfang: Hafenfest in Burgstaaken** (findet alle 2 Jahre statt, 2003 etc.). Gucken, Shoppen, „Freten un Supen" und Life-Musik.
- **Beach-Volleyball** am Südstrand. Spitzenspieler treten im Rahmen des Master Cup zur deutschen Meisterschaft an.

August
- Monatsmitte: **Fest der tausend Lichter** in Burg. Ein Laternenumzug, wo der Spielmannszug mit Fackeln vorausgeht und viele Kinder mit selbstgebastelten Laternen folgen.

September
- Monatsanfang: **Jimi Hendrix Revival Festival,** eine Open-Air-Veranstaltung am Flügger Strand, dort, wo *Hendrix* sein letztes Konzert gegeben hat. (Siehe auch: „Fehmarner Essays")
- Monatsmitte in Burg: **Harley-Davidson-Treffen,** die blubbernden Kult-Maschinen locken Hunderte von Motorradfreaks.
- Monatsmitte: **Drachenfest.** In Zusammenarbeit mit dem NDR flattern die kuriosesten Drachen im Herbstwind am Südstrand.

Aktives und Sportives

Die folgenden Tipps bieten einen Überblick, Details sind jeweils unter den Orten zu finden.

Altstadtbummel
Altstadtbummel durch **Burg** unter kenntnisreicher Führung in den Monaten März bis Juni und September bis Oktober. Kosten: 1,02 €, jeden Sa um 14 Uhr, Treffpunkt am Heimatmuseum von Burg, Breite Straße.

Angeln
- **Udos Anglertreff** in Burg bietet Angelzubehör und Brandungstraining.
- **Hochseeangeltouren** werden im Hafen von Burgstaaken organisiert, sowohl mit Kapitän *Wolfgang Lüdtke* als auch mit *Willy Lüdtke*.

Busfahrten
- **Busfahrten zum Vogelreservat Wallnau** inklusive einer Führung, in den Monaten April, Mai, September und Oktober.

AKTIVES UND SPORTIVES

In den Sommermonaten fährt dorthin auch ein **Fahrradbus,** so dass eine Strecke geradelt werden kann.

Fahrradverleih
In folgenden **Orten** können Fahrräder gemietet werden, genaue Adressen siehe dort: Dänschendorf, Burg, Landkirchen, Petersdorf, Wenkendorf, Westermarkelsdorf, Camping Wulfener Hals, Camping Klausdorf, Avendorf, Kopendorf.

Rundflüge werden von Deutschlands kleinstem Flugplatz in Neujellingsdorf unternommen.

Segeln
- **Gäste-Segeln mit Onkel Charly:** Ohne Vorkenntnisse geht es für 2 Stunden raus auf See vom Hafen in Burgstaaken aus. (Onkel Charly heißt übrigens das Schiff.)
- **Segelkurse** bietet das Surf- und Segelzentrum Albertsdorf/Gold. Windsurfing Fehmarn bietet neben Surf- auch Segelkurse am Hafen in Orth.

Silo-Climbing
- Der letzte Schrei! Eine 40 m hohe Silowand hochklettern ist am **Hafen von Burgstaaken** möglich.

Skaten
- Alles rund ums Skaten erfährt man im Geschäft **Windsport Fehmarn** in Burg.

Eine tolle Urlaubsidee: Gäste-Segeln

AKTIVES UND SPORTIVES

Surfen
- **Charchulla** – die Zwillingsbrüder *Charchulla* bieten Kurse am Binnensee vom Südstrand an.
- **Surf- und Segelzentrum in Albertsdorf/Gold** bietet Anfänger- und Fortgeschrittenen-Kurse an.
- **Windsurfing Fehmarn** bietet Ähnliches in Orth.
- **Baltic Kölln** in Wulfen ergänzt das Angebot.

Der letzte Schrei: Silo-Climbing

Etwas traditioneller: Surfen und Tauchen

AKTIVES UND SPORTIVES

Tauchen
- **Calypso** auf dem Campingplatz Wulfener Hals bietet Kurse nach PADI-Richtlinien an.
- **Tauchbasis Katharinenhof** verleiht Tauchausrüstung und bildet aus.
- **Tauchschule Fehmarn,** in Burg, bietet Schnuppertauchen im Meerwasser-Wellenbad vom Südstrand und weitere PADI-Kurse, vom Anfänger bis Rescue Diver.

Tennis
- Ein **Tenniscenter** befindet sich im Nordwesten der Insel, in Westermarkelsdorf.

Windkraftanlage erkunden
- Auf der ganzen Insel drehen sich die Rotoren der Windkraftanlagen, aber wie funktioniert so etwas? Aufklärung bieten **Führungen,** die von Mai bis September stattfinden. Treff ist der Wohnmobilplatz Johannisberg zwischen Puttgarden und Wenkendorf.

Tipps für Kids

Nicht immer nur am Strand im Sand buddeln, auch mal was unternehmen! Hier zusammengefasst ein paar Vorschläge:

- **Segeln mit Onkel Charly,** auch und gerade für Kinder ein Heidenspaß, ohne Vorkenntnisse. Zwei Stunden lang segeln vom Hafen in Burgstaaken aus.
- **Go-Kart-Fahren,** wohl nur etwas für größere Kinder, am Hafen von Burgstaaken.
- Toben im **Meerwasser-Wellenbad** am Südstrand.
- Spiele spielen im **Vitarium** am Südstrand – auf 3000 qm können unabhängig vom Wetter unter einem Glasdach die unterschiedlichsten Spiele genutzt werden.
- Haie und Unterwasserlandschaften anschauen im **Meereszentrum** in Burg.
- **Ponyreiten** – verschiedene Pony-Höfe bieten erste Reitversuche auf Ponys an, so auf dem Wulfener Campingplatz, dem Campingplatz Wallnau, Ponyhof Rießen, Haus Nr. 16 in Presen (Tel. 04371 - 8 62 20) oder Riechey Freizeitanlagen in Wulfen (Tel. 04371 - 8 62 80) oder bei Familie Kroll in Altjellingsdorf (Tel. 04371 - 22 52).
- **Kuhstallbesichtigung** in Presen – woher kommt die Milch? Diese und andere Fragen werden beantwortet. Infos über die Inselinformation.
- Diverse Attraktionen werden im Sommer speziell für Kinder, zumeist im **Haus des Kurgastes,** Südstrand angeboten, so Vorlesungen, Buddelschiff-Bauen oder Auftritte eines Clowns.
- **Geologische Strandwanderung** – was findet man alles am Strand? Wird im Sommer am Strand von Presen veranstaltet; ein Experte erklärt die Muscheln und Steinfunde. Infos über die Kurverwaltung.
- Einige Sehenswürdigkeiten speziell für Kinder liegen **auf dem nahen Festland,** Details siehe unter „Ausflüge".
- **Hansa Park** in Sierksdorf, ein Freizeit- und Erlebnispark mit einer Vielzahl von spektakulären At-

TIPPS FÜR KIDS

traktionen, über die Autobahn Richtung Lübeck zu erreichen.

- **Karl-May-Spiele** in Bad Segeberg – im Sommer kämpfen Old Shatterhand und Winnetou gegen die Bösewichter des Wilden Westens. Jedes Jahr ein anderes Programm.
- **Marionettentheater** in Lübeck. Der Welt des Kasperletheaters, der Marionetten und anderer Spielfiguren wurde hier ein eigenes Museum gewidmet, außerdem finden regelmäßig Aufführungen in einem kleinen Puppentheater statt. Zu finden mitten in der Lübecker Altstadt, die über die Autobahn gut zu erreichen ist.
- **Marzipan naschen.** Wenn man schon in Lübeck ist, darf ein Besuch im Café Niederegger nicht fehlen, oder?
- Im **Eselpark Nessendorf** können die lieben Kleinen toben, reiten und Kutsche fahren, alles mit Eseln.
- **Haustier-Schutzpark Warder,** unweit Kiel gelegener Tierpark, der verstärkt seltene Haustierrassen hegt und pflegt.
- Mit einer gaaanz langsamen **Dampflokomotive** fahren, in Schönberg mit der Museumsbahn. Und wenn man schon einmal da ist, kann auch gleich das **Kindheitsmuseum** besucht werden.
- Wohl nur für größere Kinder: einmal durch ein leibhaftiges **U-Boot** krabbeln, am Strand von Laboe (bei Kiel).

Mensch und Natur

Mensch und Natur

Die Insel

Statistik

Zuerst die Fakten: Fehmarn hat eine **Fläche** von 185 qkm, die **Küste** misst in der Gesamtlänge 78 km. Von den etwa 13.000 **Einwohnern** leben 6000 in der einzigen Stadt Burg, der Rest verteilt sich auf insgesamt 42 Dörfer. Die nicht ganz tausend Meter lange **Brücke** über den neun Meter tiefen Fehmarnsund verbindet das Festland mit dem „sechsten Kontinent", so nennen die Fehmarner ihre Insel.

Landwirtschaft

Trotz gut 500.000 Touristen, die alljährlich kommen, wird die Insel von der Landwirtschaft geprägt. In beinahe jedem Dorf stehen noch **Bauernhöfe,** und wenn auch eine ganze Reihe von Fehmarnern schon ihre alten Scheunen und Ställe zu Ferienwohnungen umgebaut haben, bleibt die Landwirtschaft doch eine wichtige Einnahmequelle. Dafür sind die **Böden** einfach zu gut, und die Bauern konnten seit Jahrhunderten ihre Höfe vergrößern. Im Gegensatz zu vielen anderen Gegenden konnte der Adel sich hier nie breit machen, die Fehmarner Bauern waren immer Herren ihrer eigenen Scholle. Hauptsächlich angebaut werden Raps, Gerste, Weizen, Kohl und Zuckerrüben. Im

Touristisches Fehmarn

Mai, wenn der Raps blüht, oder Ende August, wenn der Weizen geerntet wird, streift das Auge über riesige gelbe oder goldgelbe Flächen, eine Farbenpracht sondergleichen.

Tourismus Tourismus findet überall statt, aber geballt tritt er nur an einer Stelle auf, nämlich am **Südstrand.** Hier und nur hier wurden in den 70er Jahren Hunderte von Ferienwohnungen für Touristen gebaut, dazu ein großer Yachthafen und eine Straße zur Inselhauptstadt. Da sich gleichzeitig der schönste Strand der Insel dort befindet, war diese Entwicklung beinahe zwangsläufig.

Der Weizen blüht

In beinahe allen **Dörfern,** und seien sie noch so klein, werden Unterkünfte angeboten. Dies hat zur Folge, dass sich der Tourismus über die ganze Insel verteilt. Es kommt – mit Ausnahme vom Südstrand – kaum zu Überfremdungen oder touristischen Ballungen. Der Urlauber lebt in dem Dorf und passt sich zwangsläufig dem Rhythmus an. Allzuviel an Abwechslung kann man da nicht erwarten, vielfach beschränkt sich das Angebot auf die einzige Dorfkneipe. Selbst die gibt es nicht überall. Wer also ein flottes Nachtleben erwartet, sollte sich in Burg einquartieren oder gar nicht erst kommen. Fehmarn-Urlauber wollen überwiegend den Kontakt mit der Natur, und den bekommen sie unmittelbar. Der nächste Acker beginnt meist schon in Sichtweite am Ortsrand, eine Unterkunft auf einem

Ländliches Fehmarn

Fehmarn ist flach wie ein Brett

Bauernhof bietet „Tiere live". Wer großes Glück hat, dem zeigt der Bauer dann auch mal, wo denn die Milch nun herkommt. Für Kinder, die in einer Stadt aufwachsen, eine prägende Erfahrung.

Landschaft Die Insel ist **flach** wie ein Brett. Ein alter Bauernschnack besagt, dass man morgens schon sieht, wer abends zu Besuch kommt. Ja, das mag schon so sein, an den Rändern zeigt sich die Insel aber dann doch etwas eigenwillig.

An vielen Stellen wird sie von einer **Steilküste** geprägt, vor allem an der Ostküste, aber vereinzelt auch an der Südküste. Wo sich eine Steilküste erhebt, auch Kliff genannt, ist nur ein schmaler, steiniger Strand vorhanden. Im Laufe der Zeit passiert es immer wieder, dass durch Sickerwasser und durch Anbrandungen das Kliff unterspült wird. Langsam, aber sicher wird so das Erdreich unterhöhlt. Und dann bricht eines Tages die überstehende Kliffkante ab, das Spiel beginnt wieder von vorn.

Im Süden befinden sich zwei beinahe klassische Beispiele eines **Nehrungshakens,** sowohl der Flügger Krummensteert als auch der Wulfener Hals. Bei einer Nehrung handelt es sich um einen parallel zum Strand verlaufenden Landstreifen. Dieser entsteht durch Ablagerungen, die von der

Strömung an die Küste getrieben werden. Da die Strömungsverhältnisse konstant bleiben, lagern sich immer an der gleichen Stelle Partikel ab, woraus sich im Laufe der Zeit ein Landstreifen, Nehrung genannt, entwickelt. Passiert dies im größeren Stil, wird die Bucht langsam, aber sicher vom Meer abgeschnitten. Es entsteht ein Haff. Ist die Bucht schließlich vollständig vom Meer abgetrennt, ist ein Strandsee enstanden. Die Natur hat dann ihr eigentliches Ziel erreicht, nämlich eine neue Küstenlinie gezogen. Dies kann auf Fehmarn im Nordwesten bei Wallnau und im Norden beim Grünen Brink beobachtet werden.

Fehmarn ist flach wie ein Brett, wurde weiter vorn gesagt, aber eine natürliche Erhebung gibt es doch: den **Wulfener Berg.** Nun gut, unter „Berg" versteht man gemeinhin etwas anderes als einen gerade mal 20 m hohen Hügel. Geologisch betrachtet zeigt sich hier allerdings eine Besonderheit. Grundmoränenschutt wurde hier während der letzten Eiszeit von den vorbeiwandernden Eismassen langsam, aber sicher oval geschliffen. Dieses Phänomen gibt es sonst auf der ganzen Insel nicht.

Die Ostsee

Entstehung und Charakteristika

Baltische Eissee

Die Ostsee ist ein Säugling – erdgeschichtlich betrachtet, kaum 12.000 Jahre jung und am **Ende der letzten Eiszeit** enstanden. Als durch die allmähliche Erwärmung Nordeuropas die Eismassen langsam schmolzen, sammelte sich dieses Schmelzwasser in der Baltischen Senke. Der Baltische Eissee entstand, ein Süßwassersee, der in etwa die **Umrisse der heutigen Ostsee,** wenn auch mit teilweise deutlichen Unterschieden. Beispielsweise waren damals Dänemark und Südschweden eine zusammenhängende Landmasse.

DIE OSTSEE

Yoldia-meer

Ein paar tausend Jahre später, mittlerweile schmolzen die Eismassen immer weiter ab, bekam der **Baltische Eissee eine Verbindung zum Meer.** Die Folge: Salzwasser floss ein, ein Meer entstand: das Yoldiameer, abgeleitet von einer eingewanderten Atlantikmuschel. Das Wasser war jetzt brackig, also Süß- und Salzwasser waren vermischt. Die Eismassen schmolzen derweil weg, und befreit von der Last des Eises, das an bestimmten Stellen 3000 m dick gewesen war, hob sich das Land. Dies bewirkte, dass das Yoldiameer, die spätere Ostsee, **wieder zu einem Binnensee** wurde, die Verbindung zum Meer wurde gekappt.

Verbindung zur Nordsee

Mittlerweile waren wieder 5000 Jahre vergangen. Das Eis schmolz weiter ab, und das Schmelzwasser füllte den Binnensee derart, dass **weite Teile des Landes wieder überflutet** wurden, und zwar

Nordseewasser fließt nur spärlich in die Ostsee

für immer. Dadurch entstand die noch heute existierende Verbindung zwischen Norddänemark und Südschweden zur Nordsee. Der **Meeresspiegel** steigt übrigens noch heute, allerdings nur noch einen Millimeter pro Jahr.

Süßwasserüberschuss

Die Ostsee hat nur eine **sehr schmale Verbindung zur Nordsee,** und das wirkt sich langfristig ungesund aus, denn langsam wird der Sauerstoff knapp. In der Ostsee bildet sich allmählich ein Süßwasserüberschuss, was auch nicht verwunderlich ist, münden doch annähernd 200 **Flüsse** ein. Weiterhin sorgen die ständigen **Regenfälle** des Nordens für einen Süßwasseranstieg.

Austauschhindernisse

Ein **Austausch mit dem salzhaltigeren Nordseewasser** erfolgt nur durch drei relativ enge und vor allem flache Zuflüsse, denn die Ostsee ist nur **an drei Stellen** mit der Nordsee verbunden, durch den Kleinen Belt, den Großen Belt und den Sund zwischen Kopenhagen und Malmö. Damit nicht genug, der gesamte **Ostseeboden** besteht aus mehreren riesigen Becken mit hohen Rändern. Diese Ränder werden Schwellen genannt, und genau an der schmalen Verbindung zur Nordsee liegt die **Darßer Schwelle,** ein echtes Hindernis für

Salzwasser, denn salzhaltiges Wasser ist schwerer als Süßwasser, fließt also nicht an der Oberfläche. Umgekehrt kann das salzarme Wasser „oben" relativ problemlos abfließen, das schwerere Salzwasser findet dagegen „unten" so manches Hindernis (u.a. die Darßer Schwelle), da die Ostsee an den entscheidenden Stellen ziemlich flach ist.

Sauerstoffgehalt Und dies ist letztendlich fatal für die Ostsee, bringt doch **das frische Salzwasser** eine gehörige Sauerstoffzufuhr für das Tiefenwasser der Ostsee mit. Dies geschieht nun viel zu selten. Etwa nach 25 Jahren ist das gesamte Wasser der Ostsee ausgetauscht, in der Nordsee passiert dies bereits nach 3 Jahren. Vor allem die heftigen Herbststürme sorgten in der Vergangenheit für eine gehöri-

Stimmungsvolle Ostsee

ge Sauerstoffzufuhr, seit 1992 hat es aber **keine entscheidenden Salzwassereinbrüche** gegeben, die entsprechenden Stürme fielen aus. Das prägt langfristig die Situation der Ostsee, der Salz- und **Sauerstoffgehalt sinkt.** In bestimmten Gebieten ist der Sauerstoff bereits verschwunden, der **Meeresboden** gilt dort als Wüste. Dies ist leider auch eine lebensfeindliche Situation für die **Tierwelt.** Die Tiere ziehen sich zurück in sauerstoffreichere Gegenden, oder sterben im Extremfall.

Verschmutzungen

Leider wird diese Situation noch durch die von Menschen verursachte Verschmutzung verstärkt. Speziell über die Flüsse des ehemaligen Ostblocks gelangen große Mengen von **Phosphaten und ungeklärte Abwässer** in die Ostsee, die die Abnahme des Sauerstoffgehaltes beschleunigen.

Erkannt wurde diese Gefahr bereits 1974, als von den damals noch sieben Anrainerstaaten zum ersten Mal ein Übereinkommen, die **Helsinki-Konvention zum Schutz der Ostsee,** verabschiedet wurde. Die Umsetzung der Beschlüsse kostet allerdings viel Geld, und dadurch fällt sie auch sehr uneinheitlich aus. Finnland beispielsweise wird als vorbildlich eingestuft, während die ehemaligen Ostblockstaaten in der Abwässerreinigung immer noch deutliche Mängel haben. Die EU spendiert jährlich 17 Millionen Euro, viel zu wenig angesichts der Probleme.

Die Helsinki-Kommission hatte schon 1990 eine Reihe von so genannten **Hot Spots** lokalisiert, insgesamt 132 Punkte, an denen Soforthilfe nötig ist. 98 davon liegen in Staaten des ehemaligen Ostblocks, und da fehlt das Geld für derartige Aktionen besonders. 1996 kam dann endlich Bewegung in die Sache. 14 Staaten verabschiedeten ein gemeinsames Aktionsprogramm, nach dem jährlich eine Milliarde Dollar zur ökologischen Stabilität investiert werden sollen. Weltbank, EU und einige weitere bedeutende Institutionen wollten dieses Vorhaben tatkräftig unterstützen. Bis 1998 wurden aber erst 10 der Hot Spots beseitigt, kein Wunder, dass Experten nur von „positiven Tendenzen" sprechen. Eine entscheidende Verbesserung steht noch aus, die Zeit aber drängt – eigentlich sollten alle 132 dringenden Fälle bis 2002 saniert sein.

Giftmüll Eine weitere Bedrohung soll hier nicht unerwähnt bleiben. Nach Ende des Zweiten Weltkrieges wurde die Ostsee als **Endlager für Giftgasgranaten** genutzt. Giftige Kampfstoffe wie Phosgen, das Nervengas Tabun oder Lost wurden kistenweise über Bord geworfen und versenkt. Nun liegt das Zeug **auf dem Meeresgrund** und rostet vor sich hin. Die Menge macht schwindlig, angeblich liegen zwischen 42.000 und 65.000 Tonnen auf dem Meeresboden. Gefahren sollen aber nicht drohen, da sich einige Kampfstoffe im Wasser zersetzen sollen, hoffentlich stimmt's.

Lebensraum Ostsee

Die Ostsee gilt als **artenarm,** zumindest verglichen mit anderen Ökosystemen, wie beispielsweise der nahen Nordsee. Der Urlauber wird aber auf seinen Spaziergängen bestimmte Tier- und Pflanzenarten immer wieder antreffen, und sei es Fische im Bauch eines Fischkutters. Hier ein kleiner Überblick über die gängigsten Arten.

Krabben Die **Strandkrabbe** wird launig „Dwarslöper" genannt wegen ihrer Eigenart, sich seitlich fortzubewegen. Sie ist häufig am Strand in Wassernähe unterwegs und sucht nach Nahrung. Bei Gefahr buddelt sie sich schnell ein oder spreizt ihre Scheren.

Muscheln Die **Herzmuschel** kommt nur im westlichen Bereich der Ostsee vor und ist relativ klein, sie gräbt sich gern ein. Die blaugraue leere Schale ist oft am Strand zu finden.

Die blauschwarze Färbung macht eine **Miesmuschel** unverwechselbar, in der salzärmeren Ostsee fällt sie kleiner aus als sonst. Noch immer gilt die alte Warnung, dass man in den Monaten ohne den Buchstaben R keine Miesmuscheln essen darf, in dieser Zeit kann sich giftiges Plankton in den Muscheln sammeln.

Quallen

Eine **Ohrenqualle** kann bis zu 40 cm groß werden und tritt, unangenehm für Badende, oft in riesigen Schwärmen auf. Vier bläuliche Punkte schimmern ohrenförmig durch, dies ist das markanteste Merkmal. Da ihre Nesselkappen nicht die menschliche Haut durchdringen, verursacht ein Kontakt glücklicherweise kein Brennen. Man kann diese Qualle oft angespült am Strand finden.

Die **Kompassqualle** wird bis zu 30 cm groß und weist 16 markante rötlichbraune Streifen auf, die sich zum Rand gabeln, mit etwas Phantasie erkennt man den namensgebenden Kompass.

Seesterne

Ein **Seestern** ist ein fünfarmiges, geschicktes Wesen, das hauptsächlich Miesmuscheln aussaugt. Die Farbe wechselt zwischen rotbraun, violett und gelb.

Fische

Aus der Familie des Herings kommt der **Ostseehering,** er wird etwa 20 cm lang und wurde in früheren Jahren überfischt, heute haben sich die Bestände wieder stabilisiert. Heringe laichen entweder im Frühjahr oder im Herbst, so dass es zweimal im Jahr in vielen Orten zu so genannten Matjeswochen kommt. Dann wird junger Hering (Matjes) angeboten und verzehrt, schmeckt lecker, ist aber nicht jedermanns Sache.

Sprotten sind mittlerweile schon in den allgemeinen Sprachgebrauch eingegangen als „Kieler Sprotten". Sie sind kleiner als der Hering und werden gerne als Räucherfisch angeboten.

Der **Dorsch** ist unverkennbar an seinem Bartfaden zu identifizieren, der an seinem Unterkiefer wächst.

Eine **Scholle** kann bis zu 50 cm groß werden, ist recht voluminös, dafür aber sehr dünn, oder, wie wir sagen, *platt*. Da sie in der ersten Jahreshälfte laicht, bieten viele Restaurants die so genannte Mai-Scholle an, also eine sehr junge Scholle mit zartem Fleisch.

Der **Steinbutt** zählt ebenfalls zu den Plattfischen und gilt unter Fischkennern als Delikatesse, markantes Merkmal sind kleine, raue Höcker.

Aale gibt es auch in der Ostsee, nicht zuletzt seit der drastischen Szene aus dem Buch/Film „Die Blechtrommel" als Aasfresser bekannt. Autor Günter Grass ließ seinen Protagonisten einen Pferdekopf in der Ostsee versenken – nach ein paar Tagen hatten sich etliche Aale festgefressen.

Seehunde und Wale	Seehunde und **Wale (Schweinswal)** gibt es zwar auch in der Ostsee, sie werden aber vom Urlauber **in freier Natur** kaum gesehen.

Wer einmal nach **Kiel** kommt, kann dort an der Uferpromenade, der „Kiel-Linie", ein **Seehundbecken** besuchen und den quicklebendigen Tieren beim Umhertollen zuschauen.

Algen	Grob kann man **vier Gruppen** von Algen unterscheiden, die Grünalgen, Braunalgen, Goldalgen und Rotalgen. Jede Gruppe weist Tausende von Arten auf, völlig unmöglich, diese hier auch nur annähernd beschreiben zu wollen.

Algen sind wichtige **Bestandteile der Nahrungskette.** Es gibt eine Vielzahl, die mit dem bloßen Auge nicht erkennbar sind. Aber auch die größeren sind natürlicher Bestandteil des Ökosystems Ostsee. So ist beispielsweise die **Braunalge** häufig zu finden, sie gedeiht gerne in flachem Wasser in Küstennähe. Am auffälligsten ist hier vielleicht der **Blasentang** mit seinen unübersehbaren Schwimmblasen.

Alle Jahre wieder taucht die bange Frage auf, „Was machen die Algen?" Steht gar eine Algenpest bevor? Die Kurverwaltungen unternehmen eine ganze Menge, um dem Gast einen einwandfreien Strand zu bieten. So werden jeden Morgen die angespülten Algen zusammengeharkt und abtransportiert. Algen sind Biomasse, wenn sie faulen, kann es stinken. Eigentlich ein natürlicher Vorgang, aber wie gesagt, für die Gäste wird diese Biomasse eingesammelt. Außerdem geben die meisten Kurverwaltungen einen **„Algenreport"** heraus, in dem jeder nachlesen kann, wie es um die Wassersituation bestellt ist.

Vögel

Vögel werden an der Küste nach **echten Seevögeln** und **sekundären Seevögeln** unterschieden. Nur die „echten" holen sich ihre Nahrung ausschließlich aus dem Meer, die sekundären sind dagegen vermehrt an Flüssen oder Binnenseen zu finden.

Möwen wird wohl jeder einmal erspähen, sie treiben sich gerne im Küstenbereich herum, stolzieren nicht selten im Sand pickend am Strand herum. Silbermöwen, Lachmöwen und Sturmmöwen sind die häufigsten Vertreter. Es sind gar nicht mal so kleine Vögel mit meist weißem Gefieder.

Kormorane sind dunkel, teilweise regelrecht schwarz gefiedert und weisen einen langen Hals mit einem an der Spitze hakenförmig gebogenen Schnabel auf. Kormorane erreichen gut und gerne die Größe einer Gans. Sie gelten als Meer-Raben, sind also nicht sonderlich beliebt unter Fischern.

Seeschwalben sind nicht nur bei Gewitterluft mit ihren Flugkünsten zu bewundern. Sie weisen lange, spitze Flügel auf und haben einen markant gegabelten Schwanz. Sie sind wahre Flugkünstler, sausen mal elegant, mal ruckartig hakenschlagend am Strand entlang. Und wieso der Hinweis auf Gewitter? Durch die dann entstehende „drückende" Luft halten sich Mücken in tieferen Regionen auf, und die Schwalbe fliegt auf Nahrungssuche entsprechend tief, manchmal nur einen Meter über dem Boden. Daher auch die Bauernweisheit „fliegen die Schwalben tief, gibt es Gewitter".

An den Binnenseen leben die so genannten sekundären Vogelarten, das sind vor allem Schwäne, Enten und Gänse. Die **Kolbenente** ist mit ihrem auffällig rot leuchtenden Schnabel und Kopf ein besonders schönes Exemplar. Die **Tafelente** hat einen kastanienbraunen Kopf und hellgraues Rückengefieder. Beiden Arten ist gemein, dass die Weibchen schlichter gefärbt sind, eine Schutzfunktion, damit sie beim Brüten im Schilf nicht aufgestöbert werden.

Das Klima

Klimarekorde

Über kaum etwas wird in Schleswig-Holstein häufiger geredet als über das Wetter. Zumeist hat man ja etwas zu meckern. Entweder ist es zu kalt oder zu feucht oder auch, doch, doch, das gibt's auch, zu heiß. Auf Fehmarn kennt man Sorgen mit schlechtem Wetter kaum, denn, und jetzt folgt eine handfeste Überraschung: Fehmarn ist **einer der sonnenreichsten Flecken Deutschlands** neben der anderen großen Ostseeinsel Rügen und einem Gebiet im Breisgau. Die Fakten: 1997 zählte Rügen 2024 Sonnenstunden, auf Fehmarn waren es 1970. Zum Vergleich: Über Hamburg schien die Sonne nur knapp 1600 Stunden, und die Hansestadt liegt gerade eine Autostunde entfernt. Auch die Statistik der **geringsten Niederschläge** führen die Ostseeinseln an. Auf Rügen regneten nur 461 mm, auf Fehmarn 475 mm, in Hamburg wurden 737 mm gemessen. Weitere Zahlen: Auf Fehmarn gab es sogar zwei absolute Klimarekorde. In Westermarkelsdorf wurden 1959 nur 319 mm Niederschlag gemessen, und in Marienleuchte bei Puttgarden schien im gleichen Jahr die Sonne 2319 Stunden lang! Die jährlichen Durchschnittswerte bescheren Fehmarn etwa 550-600 mm Niederschlag und 1800-1900 Sonnenstunden im Jahr, Rekordwerte, die in ganz Deutschland nur auf Rügen und im Breisgau ähnlich ausfallen. Wie kommt das?

Regenwolken und Fehmarn

In Schleswig-Holstein weht zumeist Westwind, der **atlantische Tiefausläufer an die Nordseeküste** bringt. Von dort ziehen die Regenwolken über Land nach Osten, regnen sich über den Altmoränen, aber vor allem im Gebiet des Bungsberges in Ostholstein ab. Je weiter die Wolken über Land getrieben werden, desto langsamer werden sie, die Bodenreibung nimmt zu, die **Wolken regnen sich ab.** Das Gebiet der Altmoränen liegt im Westen des Landes. Dann folgt ein Geestrücken, der

DAS KLIMA

äußerst flach ist, die Wolken brausen darüber hinweg und erreichen Ostholstein mit dem dortigen Hügelland, hier herrscht wieder erhöhte Regentätigkeit.

Dann fliegen die Wolken über die Küste zur Ostsee. Hier herrscht wenig Reibung, der Wind nimmt zu, die **Wolken lösen sich auf,** Fehmarn wird regenmäßig verschont. Somit kann gerade auf Fehmarn beinahe täglich ein wirklich beeindruckendes „himmlisches" Schauspiel beobachtet werden. Wolkenfetzen rasen vorbei, lösen sich auf, bilden sich ständig neu. Eben noch zeigt sich der Himmel bedeckt, dass man meint, gleich stürzt

Wolken lösen sich schnell auf

Windkraft – Für und Wider

Unübersehbar stehen sie auf dem Acker, drehen ihre drei gewaltigen Arme im Takt. Unermüdlich kreisen sie, erzeugen ein ganz leicht surrendes Geräusch. Das nimmt aber erst wahr, wer schon in unmittelbarer Nähe der Windräder steht. Speziell im Osten der Insel um Klausdorf und im Westen bei Westermarkelsdorf wird versucht, den ständig wehenden Wind in Energie umzuwandeln. So entstanden regelrechte Windparks, weiß Gott nicht von allen Fehmarnern geschätzt. „Zu laut – zu hässlich – passen nicht in die Landschaft", so lauten die gängigen Ablehnungen. Kritiker verweisen außerdem auf ein anderes Problem. Die Anlagen benötigen große Flächen, da die Windkrafträder in bestimmten Abständen zueinander stehen müssen, um optimal zu funktionieren. Die optische Dominanz in der Landschaft, verbunden mit Schattenwurf und Lichtreflexen durch Drehbewegungen der Rotoren, wurde immer ins Feld geführt. Tatsächlich, dass die dreiflügeligen Riesen sich in die Landschaft integriert haben, kann nun wirklich nicht behauptet werden.

Andererseits, der Wind weht sowieso, über die flachen Äcker besonders stark. Erscheint es da nicht konsequent, diese Energie zu nutzen? Und nun läuft Deutschlands größter Windpark bereits seit 1994. Insgesamt 34 Windräder drehen sich, erzeugen etwa 45 Millionen Kilowattstunden pro Jahr. Das reicht, um 15.000 Haushalte zu versorgen, theoretisch könnte die ganze Insel strommäßig vom Wind leben. Der durch Windkraft erzeugte Strom wird den Energieerzeugern zur Verfügung gestellt, die etwa 8 Cent pro Kilowattstunde dafür zahlen. Aber genau darüber gibt es immer noch Streit, denn die Kosten für Errichtung und Unterhalt der Windkrafträder sind damit nicht gedeckt. Dennoch, eine umweltfreundlichere Energiegewinnung lässt sich kaum denken, abgesehen von Sonnen- oder Wasserkraft. Die Windparks stehen außerdem in nötigen Abstand zu bewohnten Gebieten. Und mittlerweile gelten die Windräder sogar als eine Art Touristenattraktion, es werden gezielt Führungen dorthin unternommen.

er ein, schon reißt er wieder auf, die Sonne bricht durch, alles wieder vergessen. Selbst als Schleswig-Holsteiner Jung an Wind und Wetter gewöhnt, beeindruckt mich dieses Fehmarner Phänomen stets aufs Neue.

Wind Und damit wären wir beim Wind. Der weht hier wirklich ständig und nicht selten etwas heftiger, ohne dass man gleich von **Sturm** sprechen könnte. Nein, so schlimm kommt es nicht allzu häufig, aber wenn doch mal, dann wird die Fehmarnsundbrücke gesperrt. Zumindest für unbeladene Lkw und für Gespanne; d.h. Urlauber, die hinter ihrem Auto einen Wohnwagen schleppen, dürfen die Brücke nicht passieren. Ein entsprechendes Hinweisschild wird dann vor der letzten Ausfahrt unweit von Großenbrode ausgeklappt. Durch Ignoranten kommt es leider immer wieder zu Unfällen auf der Brücke, die Windböen können ein Gespann glatt umwerfen.

Aber, wie gesagt, so schlimm wird es nicht oft. Ein Fehmarn-Urlauber muss mit Wind rechnen, und zwar ständig. Das kann **Radfahrer** nerven, genau wie den abendlichen Grillspaß verderben. Wer **am Strand** liegt und sich die Sonne auf den Bauch scheinen lässt, wird die kühle Brise gerne mal (unter-) schätzen. Spätestens am Abend wird dann klar, dass es doch keine gute Idee war, sich nicht bedeckt zu haben.

Die Menschen

„Wi fört na Europa" (wir fahren nach Europa), so verabschiedeten sich die Fehmarner, wenn sie einmal aufs Festland reisen mussten. Stolzes Wissen um einen besonderen Status. Lange bevor der Tourismus Geld in viele Kassen spülte, kam schon ein gewisser **Wohlstand** auf die Insel. Fischfang, Handel und vor allem die Landwirtschaft sorgten dafür.

DIE MENSCHEN

Im Gegensatz zum nahen Ostholstein verwaltete Fehmarns Bevölkerung sich selbst, ein altes Landrecht aus dem Jahre 1329 garantierte die Gleichheit aller Bürger. In Ostholstein gehörten die meisten Ländereien dem Adel, zumeist vom jeweiligen König für besondere Dienste vergeben. Und die Bewohner gleich mit, die dann als Tagelöhner oder als mit hohen Abgaben belastete Bauern schuften durften. Nicht so auf Fehmarn. Einen ausbeutenden Adel hat es hier nie gegeben, die Bauern wirtschafteten in die eigenen Taschen. Geschickt wurden dabei auch Felder vergrößert und nicht durch Erbteilung verkleinert. So manchen Fehmarner trieb es darum allerdings auch in die Fremde, in die USA, Kanada oder gar nach Australien. Außerdem ist Fehmarns Boden ertragreich, die Insel war zeitweise die Kornkammer Schleswig-Holsteins.

Ein Fehmarner Fischer

Insulaner gelten oftmals als etwas **eigensinnig** oder starrköpfig. Das mag so sein, sie sind auch in weit größerem Maße den Elementen ausgesetzt und weniger dem **Kontakt mit Fremden.** Dass von denen zumeist nichts Gutes kommt, erfuhren auch die Fehmarner im Laufe vieler Jahrhunderte. Wenn Fremde kamen, gab es oft Krieg, bei einem besonders schlimmen Einfall wurde beinahe die ganze Insel ausgerottet. Kein Wunder, dass die Fehmarner sich etwas verschlossen zeigten. Das ist alles längst vorbei, Fehmarn ja auch keine richtige Insel mehr, und die Fremden, die heute kommen, bringen eher Wohlstand und Segen. Gleichwohl, das stolze Wissen um etwas Besonderes ist vielfach geblieben. Bodenständigkeit und eine gute Portion Sinn fürs Geschäft haben sich die Fehmarner allemal bewahrt. Und damit sind sie auch ganz gut gefahren.

Ein wenig Platt

Schweigen – kein Platt

Kennen Sie den: Zwei Fischer hocken am Tresen, schweigen sich an. Zum Nachbestellen werden nur zwei Finger gehoben – abwechselnd, weil das ja gerecht ist. Nach ein paar Stunden sagt einer der beiden: „Tjaaaa, neeech!" Sagt der andere: „Wat sabbelst du blots hüüt wieder so viel!" So sind sie, oder besser gesagt, so sind sie auch, die Fehmarner, **schweigsam** und **nicht aus der Ruhe zu bringen.**

Reden auf Platt

Wenn sie dann aber mal reden, dann geht's vielfach noch *„op Platt"*. Plattdeutsch ist **auf Fehmarn wie überall an der Küste verbreitet,** keine Frage, viel mehr in den Dörfern als in der einzigen Stadt Burg. In den **Dörfern** wächst die Jugend sozusagen zweisprachig auf.

Verstehen Sie Platt?

Platt ist keine schwere Sprache, sie drückt viele Sachverhalte **knapp und bündig** aus und klingt

Ein wenig Platt

gemütlich, selbst derbe Beleidigungen werden auf Platt abgefedert. Wer zum ersten Mal nach Fehmarn kommt und zwei Fischer Platt schnacken hört, wird wohl kaum etwas verstehen. Hier ein paar Tipps zum Mitschnacken: **„Moin, moin"** ist ein Allerweltsgruß, je weiter man nach Norden kommt, desto verbreiteter ist er als Guten-Tag-Ersatz. Zuerst stutzt man sicherlich, wenn kurz vor der Tagesschau jemand mit *Moin* grüßt, aber das spiegelt nur die **Gelassenheit** wieder. Und die drückt sich gern mit *„immer sutsche"* aus – schön ruhig, **keine Panik,** nicht herumstressen, in etwa so bewegt sich der Holsteiner. Wenn man das als Besucher übernimmt, ist das schon mal ein guter Start in die Stimmungslage der Einheimischen.

Schimpfwörter auf Platt

Holsteiner sind ruhige Genossen; wenn sie sich was zu **sagen** haben, dann meist ohne Schnörkel, eben **direkt ins Gesicht.** Auf Platt klingt das aber halb so schlimm, ein *„Schietbüdel"* wird nie über-

Plattdeutscher Straßenname auf Fehmarn

setzbar sein, denn dann würde aus dem plattdeutschen Kosewort eine hochdeutsche Beleidigung, nämlich „Scheißbeutel" – brrr, wie das klingt!

Hierzu passt eine reale **Anekdote:** 1994 beriet der Senat in Hamburg über einen Antrag auf Aufnahme des Plattdeutschen in die Europäische Charta für Minderheitensprachen, natürlich *op Platt*. Selten wurde bei einer Politikerdebatte so gelacht wie an diesem Abend, schenkelklopfend brüllten die Abgeordneten über Beiträge, wie: *„De Hamborger Senoot un sien Beamten sitt dor mit 'n breden Mors und kiekt nur to"* (der Hamburger Senat und seine Beamten sitzen auf ihrem breiten Arsch und gucken nur zu). Das war selbst auf Platt nicht mehr fein genug, und unter feixendem Gelächter ermahnte der Sitzungspräsident den Sprecher zur Ordnung: *„Mors, dat geiht nich!"* (Arsch, das geht nicht). Darauf der Sprecher: *„Denn seg ik Achtersteven"* (Dann sag ich Hinterteil). Natürlich wurde der Antrag angenommen, einstimmig.

Platt am Tresen

Wer in eine kleine Dorfkneipe kommt, hat manchmal nicht viel Auswahl an Sitzmöglichkeiten. Vielleicht sind alle Tische besetzt, vielleicht ist gerade noch ein Eckchen am Tresen frei. Egal wo man sich niederlässt, eine **holsteinisch-kurze Begrüßung** muss sein: Dazu dreimal kurz auf den Tisch klopfen und einfach sagen *„Ik mok mol so"* (ich mach mal so), das kürzt das Begrüßen ab, man muss nicht jedem einzeln die Hand geben, nicht lange *„sabbeln"* – und man ist sofort als Kenner ausgewiesen.

Zwei Sätze sind noch **wichtig für das Überleben am Tresen:** *„Gif mi noch'n Lütt un Lütt"* (gib mir noch ein Kleines und einen Kurzen), gemeint ist ein kleines Bier und ein Schnaps. Der andere Satz lautet: *„Gif mi noch een ut de Buddel"* (gib mir noch einen aus der (Schnaps) Flasche). Und wer aus guter Laune heraus eine **Runde Schnaps** ausgibt, der muss diesen „freigeben", also zum

Plattdüütsch

Wen es erstmalig nach Norddeutschland verschlägt, wird vielleicht manchmal etwas verständnislos den Gesprächen der „Eingeborenen" lauschen und möglicherweise nur „Bahnhof verstehen". Das ist auch kein Wunder, denn beispielsweise folgender typischer Monolog, der die Küstenbewohner ein wenig charakterisiert, muss auch nicht auf Anhieb verstanden sein.

Dat schall ober Minschen geben, de dat Stormwedder besonners geern mööght. De fort in Harvst an de See un freut sik, wennt so richdich störmt un jüm de stiebe Wind um de Ohrn haut. „Sleech Wedder gifft dat nich," seggt se, „ ober falsche Kledasch." Un wenn denn noch 'n poor nördliche Grogs mit wenich Woter achter de Binn kippt ward, kannt nich mehr schöner warrn.

Na, etwas verstanden? Ist doch gar nicht so schwer, oder? Falls doch nicht, die „Übersetzung" steht unten.

Platt ist weit verbreitet, mit einigen Begriffen wird auch ein *„Quiddje"* („Zugereister" – ein Hamburger Schnack) immer mal wieder konfrontiert werden. Damit es Ihnen nicht nur Spanisch vorkommt, hier eine kleine Übersicht.

achtern	hinten
Adjüüs	Tschüs
Appeln	Äpfel
Beer	Bier
Börgermeister	Bürgermeister
Bug	vorderer Teil vom Schiff
Deern	Mädchen (Dirne, ist aber nicht im heutigen Sinn zu verstehen)
Dokter	Arzt
Dörpstrot	Dorfstraße
Duckdalben	Pfahl, an dem Boote festmachen
Eerdbeern	Erdbeeren
Fleesch	Fleisch
Fofftein moken	Pause einlegen (Fünfzehn machen)
Füürwehr	Feuerwehr
Gewidder	Gewitter
Goden Dag ok	Guten Tag auch
Gröönhöker	Gemüsehändler
Heck	hintere Teil vom Schiff
Hitten	Hitze
Höker	Kaufmann
Kantüffeln	Kartoffeln
Kark	Kirche
Karkhoff	(Kirchhof) Friedhof
Kiek mol wedder in	Schau mal wieder rein
Klöben	Gebäck mit Rosinen
klönen	plaudern, reden
Klönschnack	ruhige Unterhaltung
Köm	(Kümmel) Schnaps

PLATTDÜÜTSCH

Kröger	Gastwirt
Krog	(Krug) Gastwirtschaft
de Luft ward bruddich	die Luft wird schwül
Melk	Milch
Moin moin	(nicht nur guten Morgen, wird den ganzen Tag über gesagt)
Muster	Senf
neerich	geizig
Paster	Pastor
Putz	Polizist
Putzbüdel	Frisör
Reet	zum Dachdecken genutztes getrocknetes Schilf
Reetdachkate	ein mit Reet eingedecktes Haus
Regenwedder	Regenwetter
Rundstückn	(Rundstück) Brötchen
schnacken	reden, unterhalten
Schüün	Scheune
Slachter	Schlachter
Sommerdach	Sommertag
Sprütenhuus	Spritzenhaus
de Sünn schient	die Sonne scheint
sutsche	schön langsam
Stuten	Weiß- oder Rosinenbrot
dat is noch lang keen Schiet	(das ist noch lange kein Scheiß) das ist gut, so muss es sein
Schietbüdel	(Scheißbeutel) sagt man als Kosewort zu Kindern

Na, mal einen zarten Versuch wagen?
Probieren Sie es doch einmal mit folgendem Gruß:

Moin moin, wo geid? Morgen (oder auch „Hallo" bzw. „Tag"), wie geht's?

Die Antwort wird plattdeutsch-trocken ausfallen:

Mut jo! Muss ja!

Damit ist alles gesagt, jetzt wäre das Wetter als Thema dran, und damit kommen wir zur Übersetzung unseres kleinen Exkurses vom Beginn:

Es soll aber Menschen geben, die das Sturmwetter besonders gerne mögen. Sie fahren im Herbst an die See und freuen sich, wenn es so richtig stürmt und ihnen der steife Wind um die Ohren haut. „Schlechtes Wetter gibt es nicht", sagen sie, „aber falsche Kleidung." Wenn dann noch ein paar nördliche Grogs mit wenig Wasser hinter die Binde gekippt werden, kann es nicht mehr schöner sein.

Trinken auffordern. Dazu genügt eigentlich „Prost", aber plattdeutscher wäre *„Nich lang schnacken – Kopf in Nacken".* Übersetzung überflüssig, oder? Soll es noch „norddeutscher" sein? Bitte sehr: *„k.v.!"*, das heißt „kannst vernichten".

Platt zum Lesen

Wer sich schon mal einstimmen will, kann es ja mit **Asterix** versuchen. Ein Abenteuer des streitbaren Galliers gibt es jetzt *op Platt,* der Titel: *„De Törn för nix",* Original: "Die Odyssee". Kleine Kostprobe: *„Wi schrievt dat Johr 50 v. Chr. Heel Gallien is in Römsche Hand."* Das kommt einem bekannt vor, nicht wahr?

Und dann wären da noch die **Werner-Bücher.** Die Anarcho-Abenteuer der Motorrad fahrenden Langnase mit den vier Stoppelhaaren sind bis ins tiefste Bayern vorgedrungen. Werner, die unschlagbare Comicfigur, treibt seine Scherze mit der Polizei, seinen Saufkumpels und mit Meister Schurich, seinem alten Lehrherren. Der ist übrigens der einzige, der richtig Platt schnackt, bitte nicht Werners Jargon als Plattdeutsch auffassen, auch wenn *Tass Kaff* und *Flasch Flens* mittlerweile Umgangssprache sind, zumindest im Land zwischen den Deichen.

Buchtipp: Der Autor veröffentlicht in Zusammenarbeit mit seinem Vater im Peter Rump Verlag in der Reihe Kauderwelsch ein Bändchen **„Plattdüütsch – die Sprache des Nordens".**

Geschichte

3000 v. Chr. Die Anfänge liegen, wie so oft, im Dunkeln. Erste Spuren einer **Besiedlung** hat es schon um 3000 v. Chr. gegeben, verschiedene Chronisten sprechen von einer „dichten Besiedelung". Darauf deuten Megalithgräber hin, von denen aber nur wenige die Jahrtausende überdauert haben, beispielsweise bei Katharinenhof.

GESCHICHTE

2000 v. Chr. Etwa um 2.000 v. Chr., nach dem Abschmelzen der Eismassen nach der letzten Eiszeit, hob sich das Land. Fehmarn wurde durch den entstehenden Fehmarnsund eine **Insel**.

8. Jh. Das Fenster zur Geschichte wird nachweislich aufgestoßen, slawische **Wagrier** besiedelten Ostholstein, davon zeugen Reste von Burgen und Wällen, so im ostholsteinischen Oldenburg. Noch heute wird die Gegend nach den slawischen Bewohnern benannt: Wagrien. Auf Fehmarn ließen sich auch einige Wagrier nieder, nannten die Insel „Vemorje", etwa: „im Meer". Ein anderer überlieferter Name ist „Fembre".

11. Jh. Ein **erstes schriftliches Zeugnis** über Fembre stammt von 1076. Der Chronist *Adam von Bremen* beschrieb in seiner Kirchenchronik die Insel als „von Seeräubern und blutigen Banditen" bewohnt.

12.-13. Jh. Die **Christianisierung** erreichte Ostholstein. Auf Fehmarn wurden vier Kirchen errichtet (in Burg, Landkirchen, Petersdorf, Bannesdorf – sie stehen heute noch). Der Ort Burg trug den Namen „to der Borch uppe Vermeren" und unterstand lübischem Recht. Die restliche Insel wurde vom dänischen König regiert, sein Statthalter residierte auf der Burg Glambeck (beim heutigen Südstrand).

15. Jh. 1420 verwüstete **Dänenkönig** *Erich der Pommer* die Insel derart, dass nur drei Fehmarner überlebt haben sollen. Sie trugen der Legende nach die Namen *Rauert, Witte* und *Mackeprang*. Namen, die heute noch als Familiennamen existieren.

Fehmarn erholte sich nur langsam. Der dänischen Krone ging es so schlecht, dass die Insel bis **1490 an die Stadt Lübeck verpfändet** wurde. Die Lübecker befreiten die Insulaner von Steuern und ließen sie beim Neuaufbau gewähren.

Seefahrt und Handel hatten einen bescheidenen Wohlstand beschert, als Piraten auftauchten,

GESCHICHTE

die sich „Vitalienbrüder" nannten. Sie hausten ein paar Jahre auf der Burg Glambeck und verschwanden dann von der Bildfläche. Die Vitalienbrüder errangen eine gewisse Berühmtheit durch ihren Anführer *Klaus Störtebeker*.

17. Jh.

Der **Dreißigjährige Krieg** hatte sogar auf Fehmarn Auswirkungen, kaiserliche Truppen zerstörten 1627 die Burg Glambeck.

1644 versuchten die **Schweden**, die Insel einzunehmen, Fehmarner und Dänen organisierten die Verteidigung. Zwar eroberten die Schweden tatsächlich die Insel, aber nur kurze Zeit später kam Verstärkung für die Dänen. Dänenkönig *Christian IV.* persönlich griff in die Schlacht ein, brachte seine Kriegsflotte in Stellung und vertrieb die Schweden. Etwa 75 Fehmarner verloren dabei ihr Leben.

Hohe Steuern und die Folgen des 30-jährigen Krieges trugen wieder zur **Verarmung** bei. Das änderte sich erst im nächsten Jahrhundert.

18. Jh.

In Frieden konnten die Bauern frei wirtschaften, wodurch ein erneuter **Wohlstand** entstand. Wichtig war dabei, dass der Adel auf Fehmarn keinen Einfluss hatte. Die Bauern blieben frei und mehrten den Inhalt der Geldtruhen. „Vollbukstid" (Vollbauchzeit) wird diese Periode später genannt.

19. Jh. Lange Zeit blieb es ruhig, so dass die Fehmarner größere Projekte in Angriff nahmen. 1857 wurde der **Hafen Burg** erbaut, 1871 die **Fehmarn-Linie** eingeweiht. Genau um die Jahrhundertwende zählte die Insel schon zehn Fernsprechteilnehmer.

In Schleswig-Holstein kämpften die Dänen und Preußen um das ganze nördliche Gebiet. 1864 wurde Schleswig-Holstein **Preußen** zugeschlagen und gehörte ab 1871 zum **Deutschen Reich.** Fehmarn wurde weiter von freien Bauern bewohnt und galt als die Kornkammer des Landes.

20. Jh. 1945: Nach **Ende des Zweiten Weltkrieges** versuchten die Sowjets, die Insel ihrer Zone zuzuschlagen, ein britischer Unterhändler verhinderte dies nach zähem Widerstand. Jahre später dankten es die Fehmarner dem *Lord Strang of Stonesfield* mit einem Zinnteller.

Neuer Aufschwung – **die Fehmarnsundbrücke** wurde 1963 eröffnet, seitdem ist die Insel keine „richtige" Insel mehr. Die Touristenzahlen wuchsen.

1974: Burg wurde **Ostseeheilbad.**

Seit dem Mauerfall 1989 ist Fehmarn nicht mehr einzige bundesdeutsche Ostseeinsel. Was Kriege, Eroberer und Piraten nicht schafften, das erledigte bei der Tagesschau ein Grafiker: Nach der **Vereinigung der beiden deutschen Staaten** musste eine neue Wetterkarte gezeichnet werden, dabei „vergaß" man doch glatt die Insel Fehmarn! Aber nur für ein paar Tage, nach heftigsten Protesten tauchte sie wieder auf – Gott sei Dank!

Fehmarner Flagge

Orte auf Fehmarn

Orte auf Fehmarn

Albertsdorf

PLZ: 23769
Vorwahl: 04371
Einwohner: 86

Ein kleines Straßendorf im Süden der Insel gelegen, etwas abseits der Fehmarner Durchgangsstraßen. Dafür kommen auch nicht allzu viele Neugierige hierher, zumeist sind es **Surfer,** die es zu den Stränden des nahen Ortes mit dem neugierig machenden Namen Gold zieht. Warum Gold aber nun Gold heißt, blieb mir leider auch verschlossen.

Albertsdorf **ruhig** zu nennen, wäre beinahe eine Untertreibung. Gelegentlich sind Bauernhöfe zu finden, ansonsten einzeln stehende Häuser mit tiefen Vorgärten.

Strandprofil

● Der **Strand von Gold** liegt einen knappen Kilometer entfernt, eine schmale Straße führt direkt dahin und endet buchstäblich vor dem Strand.

ALBERTSDORF

Hier treffen sich die **Surfer,** und wenn die Winde günstig wehen, dann parken dort Dutzende von Autos, vornehmlich Wohnmobile. Die wenigen Bewohner haben sogleich ganz findig daraus ein Geschäft gemacht und fordern für das Abstellen der Wagen auf ihrer Wiese eine **Parkgebühr,** was ich nachvollziehbar finde.

Praktische Tipps

Unterkunft • FeWo Weber€€, Haus Nr. 46. Vermieter: Weber, Prahlsdorfer Weg 27, 21465 Reinbek, Tel. (040) 7 27 90 33, Fax (040) 25 65 81. Vier FeWos in neuerem Haus, zwei der FeWos haben eine große Terrasse.

Einkaufen • Ein Ökoladen bietet entsprechende Produkte, das Geschäft liegt unübersehbar im Ort, hat keine Hausnummer und ist ausgeschildert.

Essen & Trinken • Direkt am Deich liegt ein Lokal mit dem Namen „Gold", dort können sich die verfrorenen Surfer am Heißgetränk aufwärmen oder an Pizza und Pasta laben. Wer das Surfen erst lernen will, ist hier auch willkommen, Kurse werden nämlich auch angeboten. Das Büro liegt hinter der Kneipe. Infos: Surf- und Segelzentrum, Uwe Borlinghaus, Haus 4, Tel. 69 59, Fax 65 70

Surfen • **Surf- & Segelzentrum Gold,** Tel. 69 59, www.windsurfing-gold.de. Windsurfen, Catamaransegeln – auch Schulungen für Einsteiger – im Stehrevier Gold.

Surfer am Strand von Gold

Bannesdorf

PLZ: 23769
Vorwahl: 04371
Einwohner: 216

Bannesdorf liegt im Nordosten von Fehmarn. Meist sind einzeln stehende Häuser zu finden, das **Ortsbild** ähnelt ein wenig einer Vorstadtsiedlung. Direkt hinter dem Dorf breiten sich wieder die Felder der Bauern aus, im Ortskern fehlt aber der ländliche Eindruck.

Örtliche Sehenswürdigkeit ist die **Johanniskirche,** erbaut aus rotem Backstein, mit einem nur unwesentlich höheren schwarzen Holzturm. Die Kirche datiert aus dem 13. Jh. Auffällig ist, dass der Glockenturm, erbaut 1701, neben der Kirche steht. Die Kirche ist nicht immer geöffnet, falls doch einmal, sollten der Altar (18. Jh.) und das

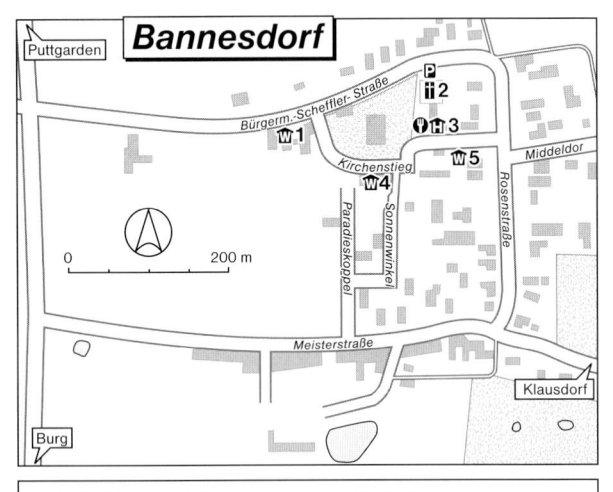

- ⛩ 1 Haus Inselfrieden
- ℹ 2 Johanniskirche
- ❶ 3 Gasthof Bannesdorf und Hotel Meetz
- ⛩ 4 Radon
- ⛩ 5 Zum Landhaus

Taufbecken (aus gotländischem Stein) bewundert werden. Der umliegende **Friedhof** wurde recht nett angelegt mit hohen Bäumen und Kieswegen, die unter jedem Schritt knirschen. Am Rande des Friedhofs steht eine wuchtige Glocke, leider ohne erklärende Hinweistafel.

Kirche in Bannesdorf

Praktische Tipps

Unterkunft
- **Hotel Meetz**€€€, Kirchenstieg 12, Tel. 38 48, Fax 38 30. Diese Pension mit neun Zimmern liegt unweit der Kirche in einer Nebenstraße, ein angeschlossenes Restaurant bietet die übliche Speisefolge.
- **FeWo Zum Landhaus**€€-€€€, Matthias Meetz, Kirchenstieg 12, Tel. 38 38, Fax 38 30. Vier FeWos in neuerem Haus mit größerem Garten. Die oberen mit Balkon, unten mit Terrasse.
- **Ferienhaus Viktor Radon**€€, Kirchenstieg 9, Tel. 68 53. Einzeln stehendes Haus unweit der Kirche, immerhin 103 qm groß.
- **Haus Inselfrieden**€€, Sabine Christensen, Bürgermeister-Scheffler-Str. 1, Tel. und Fax 22 46. Reetgedecktes Haus am Ortsrand mit weitem Blick über die Felder, ein großer, parkähnlicher Garten ist angeschlossen. Zwei Zimmer.

Essen & Trinken
- **Restaurant Gasthof Bannesdorf,** Kirchenstieg 12, Tel. 38 48. Gutbürgerliche Küche.

Bojendorf

PLZ: 23769
Vorwahl: 04372
Einwohner: 95

Ein Dorf, das nur aus drei Straßen besteht und an der Westseite der Insel, etwa 800 m vom Strand entfernt liegt. „Inklusive Meeresrauschen", verspricht der Fehmarnprospekt, was wohl eher Wunschdenken entspringt. Bojendorf wirkt **optisch gefällig,** die Vorgärten sind alle in Schuss gehalten, die Auffahrten picobello gepflegt. Die **Lage des Ortes** ermöglicht sowohl Strandurlaub

Adrette Häuser in Bojendorf

BOJENDORF

als auch Deichspaziergänge oder Besuche im Vogelschutzgebiet Wallnau. Nur zur Inselhauptstadt ist es ein wenig weit, aber das ist ja relativ hier auf der Insel.

Strandprofil

Der **Strand** verläuft hinter einem nicht allzu hohen Deich, misst gut 10-15 m und ist ein wenig kieselig, wenn auch nicht übermäßig. Da der Wind ziemlich auffrischen kann, wurde eine **DLRG-Station** mit Rettungsschwimmern hier platziert, das deutet die Strömungsverhältnisse an. Direkt hinter dem Deich liegt der Campingplatz Wallnau.

Praktische Tipps

Unterkunft
- **FeWo Hermann Weiland**€€, Dorfstr. 24, Tel. 2 28, Fax 18 17. Zwei FeWos in kleinem Einzelhaus auf einem Bauernhof mit vielen Tieren.
- **Hof Haltermann**€€€€-€€€€€, Dorfstr. 17, Tel. 2 86, Fax 14 42. Zwei FeWos in einzeln stehendem Haus auf einem Bauernhof aus dem Jahr 1859 mit einem 4000 qm großen Garten. Grillecke, Angelteich und Strandkörbe können genutzt werden.

- **Hof Anno 1856**€€€, R. Wohler, Dorfstr. 18, Tel. 2 29, Fax 17 98. Vier FeWos auf einem Bauernhof mit riesigem Garten. Außerdem: Sauna, Solarium und ein Aufenthaltsraum mit Spielecke.
- **Silke Blanck**€€, Dorfstr. 19, Tel. 3 95, Fax 18 60. Fünf FeWos mit Platz für bis zu fünf Personen, auch eine Sauna gehört zum Haus.
- **Das rote Haus**€€€-€€€€, Dorfstr. 1, vermietet von *Klaus Blanck*, Dorfstr. 19, Tel. 3 95, Fax 18 60. Zwei FeWos, sehr großzügig mit über 100 qm und schönem Ausblick über die Felder.
- **Campingplatz Wallnau**€€€€, Tel. 99 16 16, Fax 18 29, geöffnet: 1.4.-29.10.

Ein großer Platz mit 375 Dauerplätzen und 425 Stellplätzen für Urlauber, nur durch einen Deich vom Strand getrennt. Eine ganze Menge an Sport- und Kinderanimation wird geboten, des weiteren voll beheizbare Sanitärräume, kostenlose Warmduschen, eine schalldichte Disco (außerhalb des Platzes), Strandsauna und Kurangebote. Hat auch nicht jeder Campingplatz: eine Veranstaltungshalle mit eigenen Shows, die „Tenne", und Mietcaravans. Dieses Gesamtpaket hat den ADAC derart überzeugt, dass der Campingplatz Wallnau als einer der Superplätze Europas sowohl 1997 als auch 1998, 1999 und 2000 eingestuft wurde.

Darüber hinaus gibt es eine Reihe Pauschal- und Spezialtarife, nachfragen!

Burg

PLZ: 23769
Vorwahl: 04371
Einwohner: 6000

Als so etwas wie die **Inselhauptstadt** gilt Burg auf Fehmarn, am südlichen Rand der Insel gelegen, eigentlich einen guten Kilometer von der Küste entfernt. Aber mittlerweile erstreckt sich das Stadtgebiet bis zum Hafen, der einen eigenen Namen trägt: **Burgstaaken.** Eine schnurgerade Straße verbindet „Burg-City" mit Burgstaaken.

Der eigentliche **Ortskern** mit seinen historischen Gebäuden liegt entlang der Breiten Straße zwischen Kirche und Marktplatz. Von außerhalb der Stadt laufen mehrere Hauptstraßen auf Burg zu, verweben sich zu einem **Verkehrsknotenpunkt,** der unglücklicherweise durch die eben schon angesprochene Breite Straße verläuft und am anderen Ende wieder den Verkehr ausstößt. Als einzige Verkehrsberuhigung wurde eine Einbahnstraßenregelung gewählt, aber wenn in der Saison die halbe Insel mal zum Bummeln nach Burg kommt, herrscht doch erhöhtes Verkehrsaufkommen. Da bleibt dann nur der gute Rat, ganz schnell die angebotenen Großparkplätze zu nutzen.

Von Burg sind es nur knapp drei Kilometer bis zum **Südstrand.** Dieser feine Sandstrand verläuft auf einem Nehrungshaken, der den Namen Burgtiefe trägt. Hier entstanden Hunderte, wenn nicht Tausende von Ferienwohnungen, auch drei siebzehnstöckige Beton-Monster, davon später mehr.

Burg ist das **touristische Zentrum der Insel,** hier konzentrieren sich das breiteste Einkaufsangebot, viele Kneipen, Museen, historische Gebäude, ein schöner Strand (Südstrand) und etliche maritime Ausflugsangebote (von Burgstaaken). Kein Wunder, dass die Urlauber, die über die ganze Insel verstreut wohnen, regelmäßig in die „Inselhauptstadt" strömen. Hier sind übrigens die Geschäfte auch am Sonntag geöffnet.

Sehenswertes

Einkaufs- An klassischen Sehenswürdigkeiten gibt es nicht
zone allzu viele. Praktisch alle Besucher kommen zum Einkaufen und/oder zum Bummeln. Die Einkaufszone mit etlichen Supermärkten liegt etwas **außerhalb des Zentrums,** an der Gertrudenthaler Straße und dem Landkirchner Weg.

Dort wurden auch großzügige **Parkplätze** angelegt, aber von hier sind es noch gute 500 m Fußweg in die City. Direkt in der Breiten Straße gibt es nur wenige Parkplätze, die kosten obendrein Parkgebühr, und man muss seinen Wagen auf ziemlich steilen Parkplätzen platzieren. Da rutscht der eben sorgsam verstaute Einkauf

BURG

schnell kunterbunt durcheinander. Ein Großparkplatz liegt auch an der Osterstraße, der füllt sich allerdings auch immer ziemlich rasch.

Breite Straße

Was also gibt's zu sehen? In erster Linie ein ganz angenehmes Ortsbild entlang der Breiten Straße und einigen Nebenwegen. Die Straße trägt noch immer klassisches Kopfsteinpflaster und wird von etlichen hohen **Bäumen** gesäumt. Viele der **Häuser** wurden schon im vergangenen Jahrhundert erbaut, unübersehbar zählt dazu beispielsweise das Rathaus. In der Saison ballt sich der Strom der Neugierigen tagtäglich in der Breiten Straße. Von genussvollem Bummeln bleibt mitunter nicht viel übrig – dies als Hinweis speziell für Eltern mit

Zentrum von Burg

St.-Nicolai-Kirche in Burg

St.-Nikolai-Kirche

Schlendert man die Breite Straße bis zum Ende, wird die St.-Nikolai-Kirche erreicht (geöffnet: April bis Oktober 9-17 Uhr). Wie alle Fehmarner Kirchen stammt sie aus dem 13. Jahrhundert. Wenigstens einen Meter über dem Straßenniveau liegt der Kirchplatz mit dem Friedhof davor. Beim Betreten fällt zunächst eine auffällige Schlichtheit in der **Bauweise** ins Auge, von außen wirkt die Kirche durch die roten Backsteine etwas düster, innen zeigt sie sich angenehm hell durch große weiße Steine. Dann besticht der **Hauptaltar**, eine gotische Schnitzarbeit aus dem 14. Jh. Sehr schön sind auch die drei **Fenster** mit Glasmalereien, die folgende Themen zeigen: Geburt Christi (links), Christus am Kreuz (Mitte) und Auferstehung (rechts). Links vor dem Altar steht ein **Taufbecken** in Form eines Pokals, und darüber hängt ein Votiv-

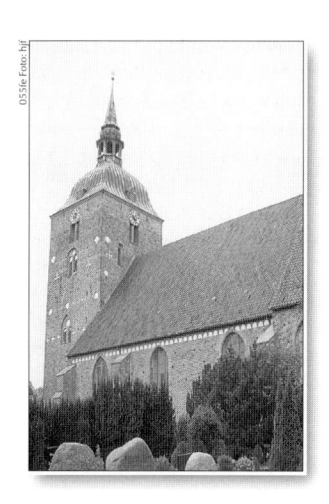

Kleinkindern und Kinderkarren. Andererseits bietet die Breite Straße das breiteste gastronomische Angebot der ganzen Insel, genügend Lokale locken zum Verweilen gegen den kleinen und großen Hunger.

schiff, eine Hansekogge. Vor dem Mittelgang steht die **Kanzel,** die 1667 geschaffen wurde. Der hintere Bereich wird von der gewaltigen **Orgel** eingenommen, erbaut 1662-1664. Ursprünglich stand sie in meiner Nachbarstadt Glückstadt, wurde 1940 aber nach Fehmarn verkauft. Wer entlang dem Mittelgang vom Altar zur Orgel geht, dem werden die kunstvoll geschnitzten Wappen an den Stirnseiten der **Sitzreihen** auffallen, die zumeist aus dem 17. Jahrhundert stammen.

Leicht zu übersehen ist eine **gotische Inschrift an der Außenwand** (von der Breiten Straße am Museum vorbei kommend gut zu finden). Wer kann schon noch gotische Schriftzeichen lesen? Die Tafel stammt von 1425 und erzählt vom Bau des Chorraumes.

Heimatmuseum

Gleich nebenan in einem kleinen historischen Haus wurde das Heimatmuseum untergebracht. Geöffnet: 1.6.-30.9.: Di-Sa 11-16 Uhr, ab 1.10.: Di, Do, Fr 11-16 Uhr, Eintritt 1,53 €, Kinder 0,51 €.

In etlichen Abteilungen wurde ein bunter **Querschnitt durch die Fehmarner Historie** zusammengetragen, beispielsweise Funde aus der Steinzeit, Handwerksgerät aus vergangenen Jahrhunderten, Fotos von Handwerkszünften und Familien aus der Jahrhundertwende. Dann: ein großer Webstuhl mit entsprechenden Gerätschaften, die „gute Stube" eines wohlhabenden Insulaners, Literatur über Fehmarn op Platt und Schiffsmodelle.

Außerdem gibt es eine spezielle Abteilung, um den „Unsinn des Aberglaubens" zu zeigen. Ausgestellt sind beispielsweise bestimmte Steine, denen magische Kräfte nachgesagt wurden, oder auch ein bestimmter Draht, der in die Kleidung genäht, einem Kind das Schreien abgewöhnen sollte. Weiterhin: Totenzähne vom Vieh, neunmal in Kuhmistasche gekocht, sollten alle Zahnkrankheiten bessern und den Wurm austreiben.

Wollte ein junges Mädchen das Herz eines Jünglings erobern, gaben alte, weise Frauen ihr folgenden Rat: „Wenn ein Mädchen ein Schweineherz in der Mitternachtsstunde mit glühend gemachten Nadeln spickt und dann in Fliedersaft kocht bis zum Sonnenaufgang, wird der Zauber zu dem jungen Mann fliegen, den sie lieb hat. In der nächsten Nacht soll sie um 12 Uhr, wenn die Kirchenglocken geschlagen haben, dreimal gegen das Fußende ihres Bettes stoßen und dazu beten: Im Namen der heiligen Dreifaltigkeit sollst Du (jetzt folgt der Name des jungen Mannes) nicht eher Ruhe geben, bis Du zu mir gekommen bist. Amen." Das war noch Einsatz!

Ein anderer Raum ist den „Monarchen" gewidmet, den herumziehenden Tagelöhnern und ihren Zeichen, die sie an Bäumen und Zäunen anbrachten, um Nachfolgende zu informieren, welcher Typ der Bauer war.

Altstädtischer Charme in Burg

Hexen-Kult

Im Heimatmuseum von Burg liegt etwas versteckt im oberen Stockwerk eine kleine, enge Abteilung, die sich „dem Unsinn des Aberglaubens" widmet. Allerlei stille Bräuche werden beschrieben, wie man versuchte, Böses oder Krankheiten abzuwehren oder im Gegenteil, einen jungen Mann rumkriegen zu können. Von diesen allseits praktizierten und doch verschwiegenen Methoden war es nur ein kleiner Schritt zum Hexenglauben. Schnell hatte jemand diesen Ruf weg, fatal auf einer eng begrenzten Insel. Stand jemand wirklich unter Verdacht, eine Hexe zu sein, wurde sie vielfach der Wasserprobe unterzogen. Eine perverse Methode, die Schuld – oder gegebenenfalls Unschuld – festzustellen. Einer der Hexerei beschuldigten Frau wurde die linke Hand an den rechten Fuß und entsprechend die rechte Hand an den linken Fuß gefesselt. Dann warf man sie ins Wasser. Ging die arme Person unter, war sie unschuldig – aber leider ertrunken. Tauchte sie doch wieder auf, was auf Grund ihrer Kleider, die vorher in Öl getränkt wurden, passieren konnte, war der Beweis klar erbracht: schuldig. Hexen mussten nämlich leicht sein, konnten sie doch durch die Luft fliegen. Die Folge: Folterung und Übergabe an die „reinigenden Flammen". Folterprotokolle belegen, dass diese Praxis auch auf Fehmarn angewendet wurde.

In ganz Europa wurden so Hunderttausende grausam ermordet, leider spielte die Kirche eine sehr unrühmliche Rolle hierbei. Veröffentlichten doch zwei Dominikanermönche 1487 die Grundlage für diesen Wahnsinn, den so genannten „Hexenhammer". Sie zeigten auf, woran man Hexen erkennt, beschrieben deren „schlechte Einflüsse" und gaben Tipps zur effektiven Verhörmethode, der so genannten „peinlichen Befragung", was nichts anderes als grausamste Folter war. Denunzianten standen Tür und Tor offen, sei es, dass Frauen für schlechte Ernte oder für nachlassende Manneskraft, für fehlenden Kindersegen oder sonstigen Neid beschuldigt wurden, immer fand sich ein offenes Ohr. Lange Jahrhunderte wurde dieser Wahnsinn praktiziert, die letzten bekannten Tötungen fanden Ende des 18. Jahrhunderts statt, 1775 in Deutschland und 1782 in der Schweiz.

BURG

Stadt- Am oberen Ende der Breiten Straße nach links in
bücherei die Bahnhofstraße geschwenkt, wird alsbald ein kleiner Park erreicht. Dort befindet sich die Stadtbücherei mit der Ernst-Ludwig-Kircher-Dokumentation. Geöffnet: Mo-Fr 9.30-12.30 Uhr, Mo, Di, Do, Fr auch 14.30-18.00 Uhr.

Hier findet der Besucher in der oberen Etage **Bilder von Ernst Ludwig Kirchner** (1880–1938) ausgestellt, zumeist Drucke von durchaus schön zusammengestellten Fehmarner Motiven. Zu sehen sind Zeichnungen, Arbeiten mit farbiger Kreide oder schwarzer Kreide aquarelliert nebst ein paar Bildern in „Öl auf Leinwand". Sie bieten dem Betrachter Blicke in eine Welt, die teilweise auf der Insel noch zu finden ist. So beispielsweise die schier endlosen Rapsfelder, die alten Gebäude in Burg, die Kirchen und die Steilküsten. Man muss nur mit offenen Augen die Insel durchstreifen, so wie es einst *Ernst Ludwig Kirchner* auch machte.

Im Sommer finden jeden Sonntag um 11.15 Uhr **Führungen** statt. Wer will, schaut sich die Ausstellung per Walkman an, der gegen Kaution von der Bücherei ausgeliehen werden kann.

Es wurden **4 Touren zu Kirchners Motiven** zusammengestellt (1 zu Fuß, 3 per Rad). Eine Wandertour verläuft durch Burg, Ausgangspunkt ist die Stadtbücherei. Eine Tour bringt den Betrachter nach Wulfen (18 km Radtour) und eine nach Staberhuk (21 km Radtour). Die dritte Radtour umfasst auch einen 2,5 km langen Fußweg um die äußerste östliche Inselspitze bei Staberhuk, wo der Maler beim Leuchtturmwärter lebte. Eine Landkarte mit Markierungen seiner Motivstellen liegt in der Kirchner-Dokumentation aus. Eine tolle Idee, seine Bilder mit der heutigen Wirklichkeit abzugleichen. Wie sagte *Kirchner* doch selbst über seine Werke: „Meine Arbeit soll dem Betrachter mitteilen: einen ästhetischen, freien Genuss, eine neue Schönheit des Lebens, ein Geheimnis des inneren Lebens und der sonst nicht mitteilbaren Beziehung von Wesen und Dingen untereinander."

BURG

Modell-eisenbahn-Ausstellung

Nicht nur für Eisenbahnfans ein Muss. Auf einer Fläche von 300 m² wurde der „Wilde Westen" in Miniaturformat nachgebaut und zwischen Schluchten, Westernstädten und Indianerdörfern dampft das Stahlross hindurch. Industriestraße 4, Tel. 86 99 24, geöffnet täglich 10.00-18.00 Uhr (ab 1.3.), Eintritt für Erwachsene 3,80 €, Kinder bis 12 J. 2,55 €.

Meereszentrum Fehmarn

Das Meereszentrum ist am Ende der Gertrudenthalerstraße bei den Supermärkten zu finden. Geöffnet: tägl. 10-19 Uhr, Eintritt 7 €, Kinder von 3-15 Jahren 4 €, Senioren, Studenten und Schüler mit Ausweis 6 €.

Dies ist die Sehenswürdigkeit, die sich wohl kein Fehmarn-Besucher entgehen lässt. Vor allem Kinderherzen schlagen begeistert höher, aber auch so mancher Erwachsene staunt über die bunte Welt der tropischen Fische. Denn darum geht es hier, dem Besucher einen Einblick in die mannigfaltige **Untersee-Fauna** zu gewähren.

Star des Meereszentrums sind, ganz klar, die **Haie.** Sie schwimmen in einem großen, 400.000 Liter fassenden Becken. Der Clou ist, dass die Besucher durch einen 10 m langen Tunnel durch dieses Becken gehen können, die Haie schwimmen derweil direkt über den Köpfen des staunenden Publikums vorbei.

1946e Foto: Meereszentrum Fehmarn

Weiterhin werden in 45 Schauaquarien die buntesten **tropischen Unterwassertiere** gezeigt, nicht nur Fische, auch Seepferdchen, Moränen, Korallen, Krebse. Der Besucher geht im Halbdunkel durch die Ausstellungsräume, betrachtet die bläulich schimmernde Unterwasserwelt und kann sich im angeschlossenen Café zwischendurch erholen. Dort entstand bei meinem letzten Besuch gerade ein Riff-Aquarium mit 70.000 Litern.

Burgstaaken

Der Hafen von Burg wird über den Staakensweg erreicht, der von der Breiten Straße direkt zur Hafenmole führt. Dorf stehen genügend Parkplätze zur Verfügung, um den Ansturm der Neugierigen zu bewältigen. Allzuviel gibt's hier eigentlich nicht zu sehen. Zwei meterhohe Silos erheben sich beinahe wie ein Warnzeichen, erst dahinter öffnen sich die

Möwen im Hafen von Burgstaaken

Sandtigerhai im Haiaquarium

Anlegemolen. Dort dümpeln immer noch die Schiffe der Fehmarner Fischer, die mittlerweile auch ihren Fang direkt vom Kutter verkaufen. Andere nutzen die Gunst der touristischen Stunde und bieten Segeltörns oder Hochseeangeltouren an.

Silo-Climbing Etwas ganz Abgedrehtes können Kletterfreaks am Burger Hafen machen, nämlich einen der drei Silos hochklettern! An der Außenwand dieses 40 m hohen Silos wurden kleine künstliche Vorsprünge und Griffmöglichkeiten befestigt. Hier können Freeclimber sich hochhangeln, einzige Bedingung: ein zweiter Mann muss sichern. Eine Stunde kostet 5,10 €, Ausrüstung 2,55 €. Zu finden neben dem Geschäft „Yachtkontor". Infos: Tel. (04371) 30 02.

Im Hafen von Burgstaaken

Südstrand

Südstrand Hier tobt im Sommer das Leben! Der Südstrand von Burgtiefe erstreckt sich über vielleicht zwei Kilometer auf einem Nehrungshaken. Zur Ostsee liegt der helle **Sandstrand,** auf der anderen Seite begrenzt ein großer Yachthafen am Burger Binnensee die Nehrung.

Schon von weitem sichtbar sind drei siebzehnstöckige Wohnhäuser direkt vor dem Strand, das **IFA-Ferienzentrum.** Da mag so mancher zurückschrecken vor soviel Beton. Aber eine Besonderheit hat der Architekt doch erfolgreich umgesetzt: Von allen Wohnungen blickt der Feriengast aufs Meer. Nach hinten hinaus, also Blickrichtung Binnenland, liegt kein einziges Fenster. Und speziell von den oberen Etagen hat man einen traumhaften Blick über die Ostsee. Eltern wissen außerdem zu schätzen, dass ihre Kinder gefahrlos an den Strand geschickt werden können. Einfach den Fahrstuhl nehmen, runterfahren und ohne eine Straße überqueren zu müssen, können die Kids schon am Strand spielen. Es gibt hübschere Ferienwohnungen, idyllisch gelegenere, nettere, keine Frage, aber allzu viele, die direkt am Strand zu finden sind, gibt es auf ganz Fehmarn nicht.

Zur Kurzweil zählen auch ein Meerwasser-Wellenbad und das „Vitarium", ein weitläufiger, begrünter Aufenthaltsraum unter Glas, wo Schach, Tischtennis, Billard gespielt werden kann, wo Imbisse und Cafés Speis und Trank anbieten und kleine Lädchen zum Shoppen animieren.

Wem die Wolkenkratzer nun doch nicht zusagen, für den kommt vielleicht die **Ferienwohnungssiedlung** weiter hinten auf der Nehrung in Frage. Dort wurden an den Straßen Dünenweg, Stranddistelweg und Strandhaferweg noch weit über hundert Ferienwohnungen gebaut in drei Reihen, die sich geschmeidig an der Nehrungsspitze entlangziehen. So wurde der Platz optimal ausgenutzt. Die Häuser der ersten Reihe mit direktem Strandkontakt haben nur eine Etage, die zweite Reihe zählt drei, die letzte fünf Etagen. Alle FeWos haben einen Balkon zur Strandseite, wie überhaupt die ganze Anlage völlig gleich gebaut wurde. Hier urlauben wohl zumeist Selbstversorger, denn neben der einzigen Einkaufsmöglichkeit gibt es hier nur verschwindend wenige Lokale. Aus der Ferne betrachtet, wirkt dieses Ferienzentrum doch arg „betonlastig". Wer sich daran nicht stört, urlaubt an einem der schönsten Strände der ganzen Insel. Das immerhin!

Neben diesen beiden Komplexen kann man sich noch in dem gelblich gehaltenen **Intersol-Hotel** einmieten oder in dem einzigen und letzten Einzelhaus am ganzen Südstrand, dem **„Haus am Strand"**. Etwas verloren wirkt es schon neben diesen ganzen Giganten, aber das reetgedeckte Haus hält tapfer die Stellung.

Burg Glambeck

Die Burg Glambeck ist hinter der Kurpromenade oder, vom Strand aus betrachtet, hinter dem Wellenbad zu finden. 1210 wurde die Burg für den **dänischen Amtsverwalter** erbaut, damit er den Schiffsverkehr und das Eintreiben der Abgaben von hier aus kontrollieren konnte. Von 1430 bis 1460 hausten hier sogar **Piraten,** jedoch nicht der berühmte *Störtebeker*. Die Seeräuber konnten von Glambeck bestens den Schiffsverkehr überblicken und sich gegebenenfalls „bedienen". 1627 kamen marodierende Truppen während des Dreißigjährigen Krieges auch nach Fehmarn und **zerstörten die Festung**.

Erst 1908 wurden dann bei Ausgrabungen die Fundamente und Mauerreste wieder freigelegt, anhand derer **Bauweise und Funktion** der Burgelemente rekonstruiert werden konnte. Damals wurde der heute noch sichtbare Graben angelegt, der ursprüngliche war einfacher gebaut. Der Haupteingang an der Ostseite maß 2,77 m in der Breite, und in der Mauer ist heute noch die Rille erkennbar, über die das Fallgitter auf- und zugedreht wurde. Die Burg war 75 m lang und 34 m breit, hatte Räume für den Burgwart, für Bedienstete und sogar vier Brunnen. Die Verteidiger konnten über einen hölzernen Wehrgang verschiedene Positionen einnehmen, sogar Pechna-

Ferienwohnungen am Südstrand

Wie kommt das Schiff in die Buddel?

Ja, das fragt sich so manche Landratte, wenn sie zum ersten Mal an der Küste eine dieser hellglasigen Flaschen sieht, in der ein Dreimaster gegen Wind und Wellen stampft. Ganz einfach: Um ein Schiffsmodell wird eine extra mundgeblasene Glasflasche konstruiert! Ha ha ha, so'n „Tüünkroom" erzählen die Kapteins jedenfalls nach dem dritten Schluck Rum ausser Buddel.

In wohl allen Souvenirshops stehen diese kleinen Kunstwerke im Schaufenster. Also, wie nun segelt ein Dreimaster durch den viel zu engen Hals in den Bauch der Buddel? Wird da etwa die Flasche fein säuberlich aufgesägt? So vermuten es manche, die von fernöstlicher Billigproduktion in ihren eigenen Preisen unterboten werden.

Nein, nein, das geht ganz anders: Zunächst werden mittels eingefärbtem Fensterkitt die Wellen geformt. Dies geschieht mit selbst gefertigtem, feinem Handwerksgerät, und zwar wirklich durch den Flaschenhals. Also nix mit Aufsägen! Aber vorher muss das Segelschiff schon „an Land", also außerhalb der Buddel, fertig gebastelt sein. Und nun kommt die eigentliche Kunst: Die Masten werden eingeklappt (logisch, sonst passt das Schiff ja nicht durch den Flaschenhals) und mit kunstvollen und feinen Fäden verknüpft. Dann schiebt man das Schiff in die Flasche und bugsiert es in den noch weichen Wellen-Kitt. Das allein erfordert schon höchste Geschicklichkeit, aber nun kommt die Krönung des Ganzen, das Aufrichten der Masten. Mittels der vorher angebrachten Zug-Fäden werden die Masten jetzt aufgerichtet, diese sind nämlich nicht fest gezimmert auf dem Schiffsrumpf, sondern auf winzigen Drahtbügeln. Durch geschicktes Ziehen am Faden richten sich die Masten auf, unterstützt durch einen dünnen Haken. Jetzt noch die Zugfäden abschneiden, verleimen und die Segel aus feinstem Papier mit Pinzette festkleben, fertig – beinahe jedenfalls. Die Flasche muss perfekt austrocknen, bevor ein Korken mit Siegellack sie für immer verschließt, denn „echte" Feuchtigkeit soll ja nun wirklich nicht auftreten. Und dann kann der Dreimaster endlich auf dem Wohnzimmerschrank mit stolz geblähten Segeln durch die aufgewühlte See stampfen – Schiff ahoi!

sen waren an der Westseite über einem zweiten Eingang angebracht. Dort schütteten die Verteidiger heiß gemachtes Pech auf die Angreifer ... Und wenn alles zu spät war, konnte die Besatzung durch einen kleinen Fluchttunnel türmen. Der Sage nach verlief der bis zur Kirche nach Burg, aber tatsächlich wohl doch nur wenige Meter. Hoffentlich hat's genügt. Oft und heftig wurde hier gekämpft. Kein Wunder, dass die Burg irgendwann völlig zerstört wurde. Heute ist von der einst stolzen Burg nicht mehr viel übriggeblieben, kaum mehr als einige Mauerreste aus rotem Ziegel.

Praktische Tipps

Unterkunft am Südstrand

●**IFA Ferienzentrum Südstrand**€€-€€€€, Südstrandpromenade, 23769 Burg, Tel. (04371) 89-0, Fax 89 20 00, www.ifa-fehmarn.de. Jede Menge unterschiedliche Räumlichkeiten und Preise, abhängig von Saisonzeiten, Größe und Haustyp. Obendrein spezielle Angebote wie „14 Tage reisen – 12 Tage zahlen". Hier kann nur der Rat gegeben werden, sich direkt zu erkundigen.

Burg Glambeck

- **Hotel Intersol**€€€-€€€€, Südstrandpromenade, Tel. 86 53, Fax 37 65, www.hotel-intersol.de. Ein in gelblicher Farbe errichtetes, größeres Gebäude, direkt vor dem Strand gelegen. Auch hier differieren die Preise nach Zimmertyp und Zeitraum, entsprechend muss gezielt nachgefragt werden.
- **Die Strandburg**€€€-€€€€, Südstrandpromenade. Direkt am Strand gelegen ist dies größere FeWo-Haus mit 30 FeWos unterschiedlicher Größe. Infos und Buchung: HT-Wohnbau, Brandströmstr. 8, 47533 Kleve, Tel. (02821) 1 71 52. www.strandburg.com
- **Haus am Strand**€€€, Südstrandpromenade, Tel. 96 25, Fax 12 59. Insgesamt vier Appartments werden neben dem reetgedeckten ehemaligen Lotsenhaus vermietet.

Etliche FeWos werden von den Besitzern privat vermietet, diese leben in den seltensten Fällen selbst auf Fehmarn. Ihnen gehört eine der Wohnungen, und sie sind auch im Unterkunftsverzeichnis zu finden. Heraushebungen sind unmöglich, rein optisch ähneln sich alle Einheiten. Interessenten müssen nur das Unterkunftsverzeichnis durchstöbern und auf folgende drei Straßen achten: **Stranddistelweg, Strandhaferweg** und **Dünenweg.** Letzterer liegt in der ersten Reihe mit direktem Blick aufs Meer. Das Preisniveau liegt bei etwa €€-€€€, dies gilt als Richtwert.

FeWo mit garantiertem Ostseeblick

Neue Tiefe heißt der Ortsteil, der zwischen Burg und dem Südstrand am Binnensee zu finden ist. Dort können einige FeWos gemietet werden, die etwas mehr individuellen Charme haben als die Häuser direkt am Südstrand. Etwa 500 m muss der Gast bis zum Ostseestrand zurücklegen, allerdings entlang der einzigen Zufahrtsstraße am Südstrand.

- **Strandhotel**€€€, Am Binnensee 1, Tel. 31 42, Fax 6950. Insgesamt 21 Zimmer bietet dieses Hotel an, das etwa 500 m vom Strand entfernt, aber am Binnensee liegt.
- **Haus Seeblick**€€-€€€, Am Binnensee 7, Tel. und Fax 48 16. Drei FeWos in neuerem Haus mit Blick auf den Binnensee.
- **FeWo Manfred Hock**€€€, Buchenweg 1 A, Tel. 23 15, Fax 86 94 82. Acht FeWos für drei bis fünf Personen in modernem Haus.

Unterkunft direkt in Burg

- **Hotel Burgklause**€€€-€€€€, Blieschendorfer Weg 1-5, Tel. 67 82, Fax 17 35. Unweit der Kirche gelegenes Haus mit angeschlossenem Restaurant, insgesamt 13 Zimmer.
- **Hotel Schützenhof**€€€€, Menzelweg 2, Tel. 5 00 80, Fax 50 08 14. Insgesamt 28 Zimmer bietet dieses Haus, das in Burgstaaken liegt, etwa 200 m vom Hafen entfernt.
- **Wissers Hotel**€€€€, Am Markt 21, Tel. 31 11, Fax 66 20. 22 Zimmer hat dieses altehrwürdige Haus, das mitten im Zentrum von Burg liegt. Ein Restaurant ist angeschlossen.
- **Jugendherberge**, Mathildenstraße 34, Tel. 21 50. Insgesamt 188 Betten können in diesem Haus belegt werden, das an der Straße zum Südstrand liegt, vielleicht 500 m vom Zentrum entfernt. Preis: 9,80 €.
- **Wohnmobile**: Einen Stellplatz mit Entsorgungsstation bietet die Firma Hintz Heizungsbau, Landkirchener Weg 1 B, auf einem Gelände hinter dem alten Bahnhof an, vielleicht 300 m vom Zentrum entfernt. Preis: 7,60-10,20 €.

Essen & Trinken

- **Café im Hof,** Osterstr. 45, Tel. 66 94. Eine Mischung aus Café, Kneipe und Biergarten, außerdem bietet ein Teekontor Grundlagen für diverse Heißgetränke an.
- **Café Börke,** Osterstr. 2, Tel. 67 03. Klassisches Café mit großer Frühstückskarte.
- **Mopsy's Bierbar,** Am Markt, Tel. 20 79. Urige Pinte mit Danzdeel, so etwas wie ein Szene-Treff.
- **Stadtcafé,** Am Markt, Tel. 65 27. Nicht nur Kaffee und Kuchen, sondern auch Mittagessen wird geboten.
- **Restaurant Don Camillo und Peppone,** Am Markt 12, Tel. 42 57. Ein Foto des unvergleichlichen Fernandel weist den Weg in diese Pizzeria.
- **Restaurant Korfu,** Am Markt 24, Tel. 90 53. Ouzo & Co.
- **Pizzeria Don Giovanni,** Am Markt, Tel. 56 44. Hier kann man auch draußen speisen.
- **Café Kröger,** Breite Str. 10, Tel. 67 53. Mischung aus Kaffeehaus und Speiselokal.

- **Fischbistro Kombüse,** Breite Str. 12, Tel. 94 72. Fischgerichte in allen Variationen, die man auch draußen auf rustikalen Möbeln genießen kann.
- **Schlemmereck,** Breite Str. 13, Tel. 30 15. Durchgehend geöffnete Küche von 12-22 Uhr.
- **Störtebeker,** Breite Str. 23, Tel. 38 43. Maritim angehauchtes Restaurant.
- **Zur Doppeleiche,** Breite Str. 32, Tel. 99 20. Breite Auswahl an Fisch, Fleisch und Geflügel, aber auch an Kuchen. Kleine Außenterrasse vorhanden.
- **Restaurant Haifischbar,** Breite Str. 38, Tel. 91 92. Fisch – was sonst?
- **Fischers Fritze,** Süderstr. 18, Tel. 58 93. Der Name sagt's.
- **Fisch- und Steakhuus,** Süderstr. 19, Tel. 90 19. Der Name ist Programm.
- **Restaurant Der Lachs,** Landkirchener Weg 1 A, Tel. 8 72 00. Bietet etwas breitere Palette, hat aber ausgefallene Öffnungszeiten: April bis Oktober tägl. außer Di, sonst Fr und Sa ab 18 Uhr, So 12-14 Uhr und ab 18 Uhr.
- **China-Restaurant Shang Hai,** Landkirchner Weg 1 B, Tel. 15 77. Liegt gleich nebenan.
- **Burgklause,** Blieschendorfer Weg 1-5, Tel. 67 82. Hier wird u.a. auch das 6-Taler-Gericht angeboten.

In der Ohrtstraße liegen vier Lokale ganz dicht beieinander, ein Vergleich ist spielend gemacht: **Bierbar Filou** (draußen sitzen), **Zur Traube** (Weinlokal), **Kartoffelhaus** (Schwerpunkt ist klar) und **Café Jedermann** (ausgesprochen nett).
- **Disko Berts,** Landkirchener Weg 3. Etwas außerhalb, dort wo auch die ganzen Supermärkte liegen, genügend Parkplätze also.

BURG

Fahrrad-verleih	• **Marquardt,** Süderstr. 24, Tel. 33 26. • **Beneken,** Osterstr. 49, Tel. 36 96. • **Conny's Zweiradladen,** Breite Str. 46, Tel. 13 03.
Hochsee-angeln	• **Reederei Lüdke** bietet **Hochseeangeltouren** an, ausgelaufen wird um 7.30 Uhr, die Rückkehr ist für 15.30 Uhr vorgesehen. Infos und Anmeldung unter Tel. 21 49. Erwachsene: 20,40 €, Kinder bis 12 Jahren: 12,75 €. • **Willi Lüdke** veranstaltet Touren mit seinem Kutter „Seepferdchen", einmal rund um die Südküste oder zur Fehmarnsundbrücke. Abfahrten um 10.00, 12.00, 14.00, und 16.00 Uhr. Erwachsene: 9,20 €, Kinder 6,10 €. Infos unter Tel. 12 63.
Segeln	• **Segelzentrum Fehmarn** bietet Segelkurse und individuelle Touren an. Infos unter Tel. 8 76 03, das Büro liegt am Hafen. • **„Mitsegeln mit Onkel Charly",** auch Landratten können einen mehrstündigen Mit-Segeltörn auf die Ostsee unternehmen. Onkel Charly (so heißt das Boot) liegt am Hafen, ansonsten Infos und Reservierung unter Tel. (04371) 49 93. Gesegelt wird täglich um 9.30, 11.30, 14.00, 16.00 und teilweise auch abends um 19.00 Uhr von Mai bis Oktober, sofern das Wetter ein Auslaufen zulässt. Segelkenntnisse sind nicht erforderlich, die Tour dauert etwa 2 Std. Preis: Da der Veranstalter ein eingetragener Verein ist, wünscht er Spenden, die Preise nennen sich deshalb auch „Spendenidee": Erwachsene: 12,75 €, Kinder 3-13 Jahre: 5,10 €. Infos und Anmeldung bei Kpt. Jürgen Boos, Tel. und Fax 49 93 oder direkt am Steg.
Indoor-Kart	• **Indoor Kart Bahn,** Tel. 22 20. Diese Anlage liegt etwas versteckt, dort brausen Nachwuchs-Schumis mit kleinen Kisten über die 400 m lange Piste, täglich von Mai bis September.
Surfen	• **Windsurfingschule Charchulla,** Südstrand, Am Binnensee, Tel. 34 00. Die beiden rauschebärtigen Zwillinge Manfred und Jürgen Charchulla helfen allen Einsteigern aufs Brett und servieren abends in ihrer Karibik-Bar exotische Drinks.

Café im Stadtzentrum von Burg

BURG

Einkaufen
- **Windsport Fehmarn,** Osterstr. 45. Alles rund ums Surfen und ums Skaten, inkl. Anfängerkurse.
- **Bernsteinhütte,** Niendorfer Str. 9. Hier gibt's das „Ostseegold".
- **Kerzenwerkstatt,** Osterstr. 49.
- **Udos Anglertreff,** Sahrensdorfer Str. 6, Tel. 18 25. Alles rund ums Angeln.
- **Bauernmarkt,** Osterstraße vor dem Parkplatz.
- **Inseltöpferei,** Niendorfer Str. 12.

Tauchen
- **Tauchschule Fehmarn** veranstaltet Schnuppertauchen im Meerwasser-Wellenbad jeden Fr 15-17 Uhr, obendrein komplette Tauchausbildung nach PADI. Infos: (04371) 62 34, Charlotte-Niese-Str. 7 in Burg.

Buslinien
Ab dem ZOB, Niendorfer Weg
- **Linie 5811:** Puttgarden – Landkirchen – Heiligenhafen – Oldenburg, stündlich zwischen 5.00 und 21.30 Uhr.
- **Linie 5804:** fährt von Puttgarden kommend bis Neustadt an der Ostsee, also aufs Festland, aber selten.
- **Linie 5751:** nach Burgtiefe und Puttgarden, Mo-Sa etwa stündlich, So seltener.
- **Linie 4310:** nach Kiel, einige wenige Verbindungen.
- **Linie 5754** nach Orth (alle 2 Std. an Schultagen, sonst seltener).
- **Linie 5752** nach Fehmarnsund (dreimal vormittags an Schultagen).
- **Linie 5753** nach Katharinenhof (viermal vormittags an Schultagen).
- Der **Bürgerbus,** eine Initiative Fehmarner Bürger, stellt eine Ergänzung zum Busangebot dar und steuert speziell touristisch attraktive Ziele an. 4 Routen sind derzeit im Angebot, gefahren wird von Mitte April bis Ende September von Mo bis Fr jeweils dreimal am Tag, meist vormittags, mittags und am Nachmittag.
Tour 1: von Burg mit Burgstaaken zum Hafen und zurück.
Tour 2: von Burg zum Südstrand, Meeschendorf, Staberdorf, Katharinenhof und zurück nach Burg.
Tour 3: von Burg über Wulfen und Blieschendorf zurück nach Burg.
Tour 4: von Burg über Landkirchen, Strukkamp, Lemkenhafen und Landkirchen zurück nach Burg.
Preise: Erwachsen 1,53 €, Kinder 0,76 €, mit Kurkarte kostenlos.

Anruf-Sammeltaxis
Diese befahren feste Routen nach festen Abfahrtszeiten. Wer mitfahren will, meldet sich bis 30 Min. vor Beginn der Fahrt unter Tel. (04371) 33 49 (Taxi Barnasch) an. Zu nennen sind gewünschte Abfahrtsstelle, Zielort, Anzahl der Personen. Die Kosten sind identisch mit dem Bustarif.

- **Anruf-Sammeltaxi Nr. 1** fährt Burg – Gammendorf – Burg auf folgender Route: Burg – Schlagsdorf – Dänschendorf – Gammendorf – Grüner Brink – Krummensiek – Puttgarden – Bannesdorf – Niendorf – Burg. Die Abfahrtszeiten: Mo-Sa bis 30.9.: 9.05, 12.50, 16.50 Uhr
- **Anruf-Sammeltaxi Nr. 2** fährt Burg – Klausdorf – Meeschendorf – Burg – Presen – Klausdorf – Gahlendorf – Vitzdorf – Staberndorf – Meeschendorf – Burg, Mo-Sa bis 30.9. um 9.00, 12.50, 16.50 Uhr.

Dänschendorf

PLZ: 23769
Vorwahl: 04372
Einwohner: 598

Dänschendorf ist ein Dorf mit einem knappen Dutzend Straßen und zählt damit zu den etwas größeren Ortschaften in Fehmarns Westen. Gleichwohl muss die Bezeichnung „größer" relativiert werden, denn sie bezieht sich mehr auf den subjektiven Eindruck. Eine **Durchgangsstraße,** über die die Urlauber an die Nordwestspitze fahren, zerschneidet den Ort. Wer aber in einer der Nebenstraßen seine Unterkunft wählt, erlebt auch in Dänschendorf ruhige Ferien. Bäuerliches Ambiente wechselt sich ab mit dem Charme eines gerade aus den Kinderschuhen herausgewachsenen Dorfes.

Allzuviel ist hier nun aber auch nicht los, dennoch gibt es immerhin **Einkaufsmöglichkeiten** und wenigstens zwei Lokale. Schon das unterscheidet Dänschendorf von vielen anderen Fehmarner Gemeinden. Ein Spaziergang endet wohl unweigerlich am **Dorfteich,** dort laden ein paar Bänke zum versonnenen Blick aufs Wasser ein. Bis zur Ostsee sind es vier bis fünf Kilometer, was selbst für ungeübte Radfahrer kein Hindernis sein sollte.

Praktische Tipps

Unterkunft
- **FeWo Obertreis€**, Dorfstr. 9, Tel. 18 16. Eine FeWo in nett gestaltetem Haus.

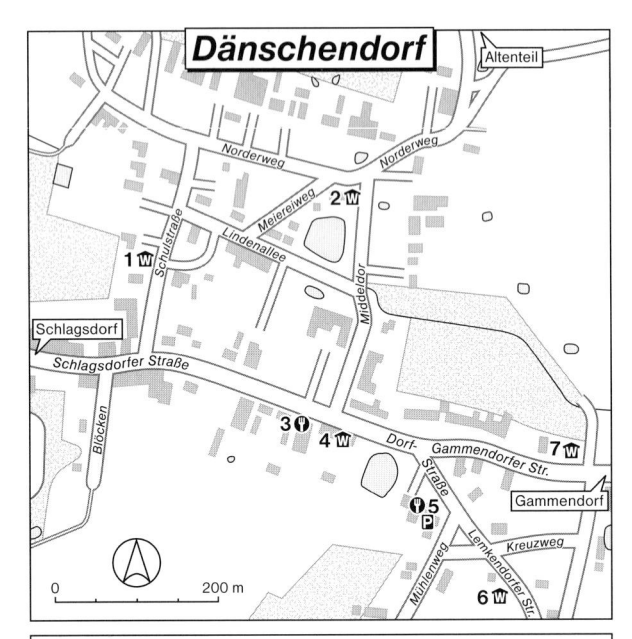

DÄNSCHENDORF

Dänschendorf

🏠 1 Haus Grashof	🍴 5 Schneiders Schinkenkate
🏠 2 Becker	🏠 6 Bajorat
🍴 3 Café Hein und Bea's Scheune	🏠 7 Osterhof
🏠 4 Obertreis	

●**Haus Grashof**€€€, Elke Willer, Schulstr. 9, Tel. 9 97 20, Fax 99 72 40. Fünf FeWos in neuem Gebäude, Grillplatz und Kinderspielplatz vorhanden.
●**FeWo Heidrun Becker**€-€€, Middeldor 1, Tel. 3 31, Fax 17 10. Fünf FeWos unterschiedlicher Größe in rotem Backsteinhaus mit großem Garten.
●**Osterhof**€-€€, Anne-Kathrin Detlef, Tel. 3 34, Fax 4 52. Acht FeWos von 35 bis 85 qm in großem Garten, auch Tiere sind vorhanden.
●**Ferienhaus Bajorat**€€€€, Lemkendorfer Str. 12, Tel. (04371) 8 73 32, Fax 8 73 34. Infos: FeWo-Vermittlung Ba-

FEHMARNSUND

jorat, Stranddistelweg 2, 23769 Burg. Nettes, holzverschaltes Haus mit Platz für 4 Personen.

Essen & Trinken
- **Café Hein und Bea's Scheune,** Dorfstr. 15, Tel. 3 97. Naturkost und Vollwertküche.
- **Restaurant Schneiders Schinkenkate,** Dorfstraße/Ecke Gammendorfer Straße, Tel. 4 14. U.a. Bietet Deftiges, aber auch Pizza.
- **Restaurant Dänschendorfer Hof,** Schulstr. 5. Schmackhafte, reichhaltige Portionen, bis 21.00 Uhr geöffnet.

Fahrradverleih
- **Wilhelm Becker,** Middeldor 1, Tel. 3 31.

Fehmarnsund

PLZ: 23769
Vorwahl: 04371
Einwohner: 57

Ein weiteres Straßendorf, das beinahe am Fuß der Brücke liegt. Von hier setzten früher die Boote „nach Europa" über, so schnackten jedenfalls die stolzen Fehmarner Bauern, wenn sie aufs Festland wollten. Davon geblieben ist noch ein Seglerhafen und eine kleine Werft. Die Straße, die nach Fehmarnsund führt, beschreibt eine Schleife durch den Ort und führt dann wieder hinaus. Allzu viele touristisch genutzte Gebäude gibt es nicht, auffällig heben sich die alten, hohen Bäume ab, die so schön im Wind rauschen. Einige hundert Meter vor dem Ort liegt ein Campingplatz, und vom Restaurant Ostseeblick, das unmittelbar vor dem Wasser liegt, hat der Gast einen prächtigen Blick auf die Brücke.

Praktische Tipps

Unterkunft
- **Haus Vogelflug**€€, Haus Nr. 37, Tel. 68 76, Fax 68 13. Nur 20 m vom Strand entfernt liegt dieses kleine Haus mit zwei Einheiten in sehr ruhiger Lage.

FEHMARNSUND

- **Campingplatz Miramar**€€€, Tel. 32 20, Fax 86 80 44, www.camping-miramar.de, geöffnet: 22.3.-31.10. (durchgehend nur am windgeschützten Wohnmobilplatz). Insgesamt 550 Plätze hat dieser Platz, der an einem Naturstrand in Sichtweite zur Fehmarnsundbrücke liegt. Angeboten werden u.a. Minigolf, Tennis, Sauna, Kinderspielplatz und -animation, Tischtennis, Ponyreiten, Wasserski im Sommer, Tanz und Live-Musik, Mietwohnwagen.
- **Pension Ostseeblick**€€€, Haus 13, Tel. 8 61 70, Fax 86 17 20. Sieben Zimmer mit Blick aufs Wasser.

Essen & Trinken

- **Restaurant Ostseeblick,** Haus 13, Tel. 8 61 70. Lokal mit Terrasse, von der man schön auf den Sund blicken kann.

Blick auf die Fehmarnsundbrücke

Flügge

PLZ: 23769
Vorwahl: 04372
Einwohner: 13

Ein winziger Ort, ganz im Südwesten gelegen. Zwei Campingplätze locken Besucher, ein Leuchtturm als Ausflugsziel und ein **Gedenkstein.** Hier nämlich, in dieser Abgeschiedenheit, fand 1970 **Jimi Hendrix' letztes Konzert,** statt, bevor er viel zu jung wenige Tage später in London verstarb. Zu dem dreitägigen Open-Air-Konzert waren 30.000 Fans auf die Wiese bei Flügge gekommen. Die Veranstaltung endete im Chaos (siehe auch Kapitel „Fehmarner Essays": Jimi Hendrix auf Fehmarn). Zur Erinnerung an das Love and Peace Festival von Fehmarn wurde ein gut zwei Meter hoher Gedenkstein aufgestellt. Zu finden: Richtung Flügge bis zum Campingplatz Flügger Strand fahren. Direkt vor dem Zeltplatz beginnt nach rechts ein Deich, der immer parallel zum Strand und zum Campingplatz verläuft. Auf diesem etwa 5-8 Min. laufen, bis das Ende des Campingplatzes erreicht wird. Dort steht der Stein auf halbem Weg zwischen Deich und einem Wäldchen. Und genau hier versammelten sich im Sommer 1970 trotz heftigstem Regen 30.000 junge Leute.

Der **Strand** verläuft ab hier über etliche Kilometer, er ist relativ schmal und nicht ganz frei von Steinen. Wenn der Wind etwas stärker bläst, sausen die Surfcracks vor der Küste auf und ab.

Und sonst? Ausflügler können bis zum weithin sichtbaren **Leuchtturm** fahren, eine ganz nette Strecke, die zuletzt parallel zum Deich führt. Im Gegensatz zu allen anderen Fehmarner Leuchttürmen, die nicht zu besichtigen sind, wird dieser Turm 2002 eventuell wieder für einige Monate zur Besichtigung freigegeben. Falls dies nicht der Fall ist, entschädigt aber auch ein schöner Blick über die Bucht Orther Reede für die Strampelei gegen den Wind.

Im äußersten südwestlichen Zipfel der Insel, unweit des Leuchtturms, wächst über die Orther Reede langsam ein Nehrungshaken mit dem bildlich so treffenden plattdeutschen Namen **Krumm Steert,** hochdeutsch „Schiefer Schwanz". Der Krumm Steert wächst stetig weiter, „gespeist" – um es einmal so auszudücken – durch Sandablagerungen vom Meeresgrund, die die konstante Meeresströmung südostwärts treibt. Der Meeressand wird somit immer in die gleiche Richtung getrieben und baut langsam den Nehrungshaken auf. Eines fernen Tages könnte dann die Orther

Leuchtturm Flügge

Reede eingeschlossen sein, aber bis dahin dürften noch ein paar Jahrhunderte vergehen.

Krumm Steert ist ein **Naturschutzgebiet** und darf nicht betreten werden. Die schmalen und fragilen Sanddünen sollen ungestört von menschlicher Neugier wachsen. Zum gleichen Schutzgebiet zählt noch die Sulsdorfer Wiek, eine eingedeichte ehemalige Meeresbucht, zwischen Orth und Sulsdorf gelegen. Die urwüchsigen Schilfgürtel bieten ein ungestörtes Brutgebiet für unzählige Vögel; der Mensch darf auch hier nur von fern zuschauen.

Praktische Tipps

Unterkunft
- **Campingplatz „Camping Flügger Strand"**€€, Flügger Strand, Tel. (04372) 7 14, Fax 15 88, geöffnet: 1.4.-14.10. 300 Dauercamper- und 180 Touristenplätze werden angeboten. Der Campingplatz erstreckt sich über etliche hundert Meter immer am Meer entlang, zum Ende hin wird der Platz immer schmaler. Ein Teil des Platzes begrenzt ein kleines Wäldchen. Wer möchte, kann auch einen Wohnwagen mieten oder eines von 18 Holzhäuschen. Ein Spielplatz für Kinder und spezielle Animation wird auch geboten.
- **Campingplatz Flüggerteich**€, Tel. (04372) 3 49, Fax 7 37, geöffnet: 1.4.-31.10. Ein kleiner Platz mit 50 Stellplätzen, im Inland gelegen, „am Puls der Natur", wie eine Eigenwerbung so schön charakterisiert. Vielleicht 500 m sind es bis zum Strand, der Gast erlebt keinen Massenbetrieb sondern persönliche Betreuung.

Gahlendorf

PLZ: 23769
Vorwahl: 04371
Einwohner: 80

Ein von den Hauptstraßen abseits gelegenes **Dörflein.** Wenn es eine Steigerung für „ruhig" gäbe, dann hätten wir sie hier. Gahlendorf besteht aus kaum mehr als einer Straße, die auch noch als Sackgasse endet. Hierher kommen also nur einige wenige Feriengäste und die Bauern, die noch ihre

GAHLENDORF

Höfe betreiben. Eine schmale 2 km lange Straße führt von hier an die Küste, sie endet an einem kleinen Parkplatz. Der **Strand** ist schmal, vielleicht 10 m breit und leider auch mit Steinen gesprenkelt. Wie überall an der Ostseite erhebt sich auch hier eine wild bewachsene Steilküste.

Monarchen und ihre Geheimzeichen

Nicht wenige Fehmarner Bauern galten auch in früheren Zeiten als wohlhabend, besaßen stattliche Höfe mit großen Flächen. Die zu bestellen, war nicht ohne fremde Hilfe möglich, Knechte, Mägde oder Tagelöhner wurden gebraucht. Letztere kamen vor allem zur Erntezeit auf die Insel, wussten sie doch, dass es dort Lohn und Brot gab. Ein buntes Völkchen zog so durch die Lande, klopfte an Fehmarns Türen an. Gestrauchelte, Entwurzelte, herumziehende Landarbeiter. „Nicht-Sesshafte" würde man heute sagen. Ihre Freiheit erklärten sie zu ihrem höchsten Gut, nannten sich selbst „Monarchen". Dieser Begriff steht heute noch in vielen Gegenden Norddeutschlands im Plattdeutschen für Bettler. Und viel mehr waren sie wohl auch nicht. Sie bettelten nicht um milde Gaben, sondern boten ihre Arbeitskraft an. So weit, so gut. Sie schliefen auf Dachböden, im Stroh oder im Freien. War die Arbeit beendet, zogen sie weiter, aber nicht, ohne vorher die nächste Kneipe geentert und den Lohn flugs wieder auf den Kopf gehauen zu haben. Wilde Gesellen, die nützlich, aber auch unbeliebt waren. Zeitweise sollen bis zu 2000 Monarchen über die Insel gezogen sein. Neigte sich die Erntezeit dem Ende entgegen, wurden die Monarchen von dem Bauern, bei dem sie zuletzt gearbeitetet hatten, mit dem Boot aufs Festland gebracht. Erst dort zahlte man ihnen dann den Lohn.

Monarchen entwickelten ein eigenes Kommunikationssystem. An den Türen, Bäumen oder Ställen wurden unauffällige Zeichen angebracht, leicht zu übersehen, aber für den Kundigen aussagekräftig genug. Da warnte man sich gegenseitig vor rabiaten Bauern, berichtete, wo es gutes oder schlechtes Essen gab, ob der Bauer gutmütig oder streng, oder ob der Pfarrer leicht zu beschwatzen sei. Beispiele für diese Zeichen können im Heimatmuseum von Burg besichtigt werden. Die Ära der Monarchen ging schleichend zu Ende, der Einsatz von großen Maschinen machte sie irgendwann schlicht überflüssig.

GAHLENDORF

Praktische Tipps

Unterkunft

● **Hof Rickert**€€, Zum Strand Nr. 1, Tel. 22 94, Fax 8 76 50. Vier FeWos auf einem Hof, die in einem neu erbauten Haus untergebracht sind und zum Teil Seeblick haben. Es wird Reitunterricht angeboten.

Strand bei Gahlendorf

Gammendorf

PLZ: 23769
Vorwahl: 04371
Einwohner: 233

Etwa 3-4 km von der Küste im nördlichen Teil der Insel gelegen, ist Gammendorf primär **Durchgangsstation.** Die meisten Reisenden streben zur Küste, zu einem der Campingplätze vor allem, aber auch zum Niobe-Denkmal oder zum Naturschutzgebiet „Grüner Brink". Gammendorf wird nicht wie viele Fehmarner Dörfer durch landwirtschaftliche Betriebe geprägt, das Ortsbild beherrschen viele einzeln stehende Häuser, nicht selten aus den 50er oder 60er Jahren. Neben der Durchgangsstraße gibt es noch eine Umgehungsschleife und wenige Stichstraßen.

Strandprofil

Etwas mehr als drei Kilometer sind es bis zum Strand, der hier recht ansehnlich ist. Er dehnt sich auf gute 30 Meter aus, ist nur stellenweise mit Steinen durchsetzt, und es werden hier auch Strandkörbe vermietet. Ein kleines Wäldchen und ein nicht besonders hoher Deich schützen vor **Wind.** Der bläst hier aber dennoch zumeist, deshalb tummeln sich auch Surfer auf dem Wasser. Und noch eine inselweite Besonderheit: Hier gibt es **kleine Dünen,** schön mit Dünengras bewachsen.

Niobe-Denkmal

GAMMENDORF

Sehenswertes

Niobe-Denkmal

„Es ist nicht nötig, daß ich lebe, wohl aber, daß ich meine Pflicht tue", so steht es geschrieben am Fuß eines schlichten Denkmals, das sich direkt am Strand erhebt. Nur ein Mast ragt in die Höhe, erinnert an die Tragödie **des Untergangs der „Niobe",** die sich am 26. 7. 1932 etwa 8000 m von hier im Meer ereignete. Das Segelschulschiff „Niobe" hatte überwiegend junge Offiziers- und Unteroffiziersanwärter an Bord, die noch keine allzu große seemännische Erfahrung hatten und auf diesem Schulschiff der damaligen Reichsmarine ausgebildet werden sollten. Nach dem Auslaufen aus Kiel näherte sich die Niobe gerade der Insel Fehmarn, als sich das Wetter dramatisch verschlechterte. Plötzlich schoss eine Fallbö herunter, die „Niobe" legte sich auf die Seite und kenterte schließlich. Das ganze Unglück dauerte kaum zwei Minuten. Glücklicherweise waren zwei Schiffe schnell bei der Unglücksstelle, ließen Rettungsboote zu Wasser und konnten 40 Überlebende bergen. Dennoch ertranken 69 Menschen.

Die Meldung von dem Unglück traf die Bevölkerung wie ein Schock, galt die „Niobe" doch als äußerst seetüchtig. Vier Wochen nach dem Untergang wurde das Wrack geborgen, es lag in nur 28 m Tiefe, die Leichen wurden auf dem Nordfriedhof in Kiel beerdigt. Am 15. Oktober 1933 wurde das Denkmal mit dem schlimmen **Gedenkspruch** enthüllt, knapp neun Monate nach *Hitlers* Machtergreifung. Vor diesem Hintergrund muss wohl der Text des Gedenksteins gesehen werden, wobei die Frage erlaubt sein sollte, warum dieser nicht mal irgendwann geändert werden konnte?

Grüner Brink

Dieses **Naturschutzgebiet** umfasst ein gut zwei Kilometer langes Feuchtgebiet mit einem Nehrungshaken. In der Saisonzeit vom 1.4. bis 30.9. wird sogar der vorgelagerte Strandabschnitt gesperrt. Immerhin wurden hier bislang 170 **Vogelarten** gezählt, zumeist Zugvögel, aber auch 50 Arten, die am Grünen Brink brüten. Ungewöhnlich auch, dass hier Lebensraum für **Pflanzen** des Strandes, der Dünen und eines Strandwalls gefunden wurde. Sogar die Heide blüht hier, was als Besonderheit gilt, denn dieses Phänomen gibt es an der Ostseeküste sonst nur im nördlichen Schleswig-Holstein an der Geltinger Birk und bei Grömitz auf der Schafheide. Zwischen Strand und Heide hat sich im Laufe vieler Jahre ein **Strandsee** gebildet, so dass auf engstem Raum Ostsee, Strand, Heide und Feuchtgebiet zu finden sind.

Ein **Wanderweg,** der auch von Radfahrern genutzt werden kann, führt auf dem Deich am Na-

GAMMENDORF

turschutzgebiet entlang. Bitte diesen nicht verlassen, er führt schließlich bis zum Strandabschnitt vom Niobe-Denkmal und von dort weiter bis zur Nordspitze Fehmarns.

Praktische Tipps

Unterkunft
- **FeWo Weiland**€€, Haus Nr. 38, Tel. 2936, Fax 86 91 47. Ein Hof aus dem Jahr 1929, der heute als Naturlandbetrieb läuft und wo u.a. selbstgebackene Brötchen offeriert werden. 4 FeWos.
- **Ahlers**€, Haus Nr. 45, Tel. 39 52. Ein Einzelhaus mit zwei FeWos.
- **Hermann Micheel**€€-€€€, Haus Nr. 16, Tel. 96 65, Fax 17 44. Insgesamt 11 FeWos in großem Haus, das in einer Seitenstraße liegt. Als besonderer Service für Kinder wird Ponyreiten angeboten.

Naturschutzgebiet Grüner Brink

My Strandkorb is my castle

Die Sonne brennt vom Himmel, ein laues Lüftchen weht vom Meer, das monotone Brechen der Wellen macht schläfrig, wohlig rekelt sich der Urlauber, die Augen fallen zu. Entspannung! Wie Perlen in einer Kette stehen sie, alle in Blickrichtung zur Sonne gerichtet. Von wem die Rede ist? Von **Strandkörben** natürlich. Kein Seeurlaub ohne Strandkorb; wer sich keinen mietet, dem entgeht etwas.

Alte Chroniken berichten, dass 1882 ein Korbmachermeister aus Rostock einer rheumageplagten Urlauberin einen Wäschekorb als Sitzgelegenheit zur Strandbenutzung umbaute. Die Idee war geboren, trat ihren Siegeszug an der Ostseeküste an. Schon ein Jahr später wurde die ersten Körbe vermietet, von der Frau des Korbmachermeisters. Und dann ging es auch bald richtig los, etwa ab der Jahrhundertwende. Ein ehemaliger Lehrling des Korbmachers der ersten Stunde stieg in den 20er Jahren zum größten Hersteller von Strandkörben überhaupt auf. Beschleunigt wurde die Entwicklung durch die Gründung von immer mehr Seebädern und gleichzeitig durch immer bessere Bahnanbindungen.

Kuriose Modelle gab es auch: zusammenlegbare Körbe, als Boot nutzbare und sogar drehbare (auf Kugellagern). Aber das Grundmodell hat sich seit den Anfängen kaum verändert.

Immer mehr Urlauber finden so sehr Gefallen an den gemütlichen „Zweisitzern", dass sie sich extra einen **für den heimischen Garten** herstellen lassen. Mehrere Firmen produzieren für den Kurgast, etwa 1785 Euro kostet ein schicker, persönlicher Strandkorb.

Warum ist er nur so beliebt? Steht er als Häuslebauer-Ersatz? Zeigt er den Rückzug ins Private, selbst am Strand? My Strandkorb is my castle? Vielleicht ist's ja viel profaner, nämlich einfach saugemütlich! Der Urlauber mietet sich einen Strandkorb, der in 14 Tagen zu „seinem" wird. Ein **zweites Zu-**

●**Kämmererhof**€-€€, Rita Micheel-Sprenger, Haus Nr. 70, Tel. 32 48, Fax 8 78 19. Acht FeWos in gemütlichem Bauernhof mit großem Garten unter hohem Baumbestand. Zum Entspannen laden Strandkörbe ein. Kinder können sich beim Ponyreiten vergnügen.

●**Camping Am Niobe**€€, Tel. 32 86, im Winter 29 32, Fax 29 32. geöffnet 1.1.-15.10. Je 150 Plätze für Dauercamper und Touristen werden angeboten. Der Platz liegt unmittelbar am Strand, wird aber durch einen parallel verlaufenden Tannengürtel vor den Winden geschützt.

●**Wohnmobilplatz Johannisberg**€ – nicht ganz 3 km von Gammendorf entfernt an der Straße nach Puttgarden be-

GAMMENDORF

hause, ein home away from home. Aber wie wird ein x-beliebiger zu einem persönlichen Strandkorb? Durch die Nummer! Unübersehbar prangt sie auf der Rückseite, macht jeden Korb unverwechselbar.

An **praktischen Details** wären da noch die Handschlaufen, außen angebracht. Zwei Mann – zwei Ecken und schon wird er etwas gedreht, schön hinein in die Sonne, den Wind (hoffentlich) im Rücken. Dann die Verriegelung kurz ausrasten lassen, das ganze Ding in Rückenlage stellen. Jetzt noch das Fußteil ausziehen, hier werden T-Shirt und Sonnencreme verstaut. Danach ein kleines Brettchen ausklappen und Getränke platzieren. Schließlich das Handtuch über die in Kopfhöhe gespannte Schnur hängen – und endlich kann man sich fallen lassen!

findet sich der Wohnmobilplatz Johannisberg. Auf einem einfachen Platz existieren Entsorgungsmöglichkeiten und Stromanschlüsse für immerhin 80 Wagen, Sanitäranlagen und ein Restaurant sind ebenfalls vorhanden. Ganzjährig geöffnet.

Infos: Uwe Beyer, Tel. (04371) 40 70 oder Tel. und Fax 91 31.

Essen & Trinken	• **Heikes Landkrog,** Tel. 29 73. Die örtliche Dorfkneipe. • **Zum Backhus,** Haus Nr. 30, Tel. 67 46. Café und Bierstube, geöffnet von 14.00-18.00 Uhr, Mo Ruhetag.

Katharinenhof

PLZ: 23769
Vorwahl: 04371
Einwohner: 122

Bereits die Anfahrt bietet etwas Besonderes, die Zufahrtsstraße führt durch eine mehrere hundert Meter lange **Lindenallee.** Die Straße beschreibt dann vor einem größeren Hof eine scharfe Linkskurve und endet schließlich direkt an einem Campingplatz vor der Ostsee. Das zeigt, dass Katharinenhof eigentlich auch nur ein Straßendorf ist, allerdings mit einer Reihe von nett hergerichteten **Ferienhöfen.** Die Mehrzahl hat wohl die Landwirtschaft aufgegeben, und die Touristen schätzen das Ambiente.

Das kleine **Museum Katharinenhof** (Tel. 12 30, täglich geöffnet: 11-17 Uhr, Eintritt: Erwachsene 5,10 €; Kinder 3-12 Jahre 2,04 €, 12-16 Jahre 2,55 €, 16-18 Jahre 3,06 €) bietet einen Querschnitt durch die Vergangenheit. Im Haupthaus werden unterschiedliche Exponate dargeboten, wie historisches Spielzeug, Musikspielgeräte, Antiquitäten, aber auch so bunte Dinge wie eine Sammlung von Gehstöcken oder Tabakdosen. Im Obergeschoss wurde eine „Ostalgie-Ecke" der untergegangenen DDR gewidmet. Dort strahlt Honni, blitzt ein FdJ-Blauhemd und verirrte sich sogar ein Trabi. Alles unter einer riesigen Hammer-und-Sichel-Fahne drapiert.

In weiteren Gebäuden kann historische Handwerkskunst bewundert werden, wie die 470 Jahre alte Rauchkate oder eine Schreinerwerkstatt aus den Tagen vor der Jahrhundertwende. Da muss dann angesichts der alten Handwerksgeräte auch so mancher Papi mit der Antwort passen, wenn Sohn oder Tochter neugierig nachfragen. Und in der alten Backstube wird noch regelmäßig Brot gebacken. Abgerundet wird die Ausstellung mit einer Sammlung historischer Kutschen, und hinter dem Backhaus liegt ein Zeugnis aus ganz alten Tagen: ein Hügelgrab.

Praktische Tipps

Unterkunft ●**FeWo Skilinski**c, Haus Nr. 1, Tel. 29 74. Sieben Einheiten auf einem Hof am Ortseingang mit großem Garten.

Museum Katharinenhof

- **Hof Schierenberg**€€, Hof Nr. 2, Tel. 52 62, Fax 59 34. Ein mittelgroßer Hof mit Ausrittmöglichkeiten. Die FeWo ermöglicht „barrierefreies Wohnen in neuerbauter, formaldehydfreier FeWo" (Eigenwerbung).
- **FeWo Fleth**€-€€, Haus Nr. 3, Tel. 22 59. Zwei Einheiten in Doppelhaus; direkt hinter dem Haus beginnen die Felder.
- **Hof Vehstedt**€-€€, Haus Nr. 7, Tel. 50 06 90, Fax 5 00 69 23. Acht FeWos auf einem Hof mit vielen Tieren, fast schon ein kleiner Zoo, bieten also reines Landleben auf einem Resthof.
- **Ferienhof Beneken**€€-€€€, Haus Nr. 13, Tel. 86 99 45, Fax 86 98 87, www.beneken.de. Ein ehemaliger Gutshof, neu renoviert, mit 10 FeWos und einem Ferienhaus. Fast klassisch ostholsteinisch, mit breiter, kiesbestreuter Auffahrt, hohen Bäumen vor dem Haus und nur 400 m bis zum Strand.
- **Hof Liesenberg**€€-€€€, Haus Nr. 14, Tel. 67 85, Fax 43 90. Neun Einheiten auf ehemaligem Gutshof mit großzügiger Liegewiesen, etlichen Haustieren, Spielplatz und Ponys. 300 m über eigenen Weg zum Naturstrand.
- **FeWo Katharinenhof**€€€, Susanne Klein, Haus Nr. 15 A, Tel. und Fax (040) 65 68 11 19. Vier Komfort-FeWos in 1995 erbautem Haus mit Ostseeblick, unweit des Museums.
- **Campingplatz Ostsee**€€, Tel. 90 32 und 32 40, Fax 86 35 90, geöffnet: 1.4.-15.10. Insgesamt 360 Stellplätze. Der Platz liegt unmittelbar an der Ostsee am Ende einer Zufahrtsstraße, also in ruhigster Umgebung. Eine Tauchschule mit Füllstation ist am Platz zu finden.

Essen & Trinken

- **Toni's Pizza**
- **Adrians Imbiss,** beide Lokalitäten sind auf dem Campingplatz Ostsee zu finden
- **Restaurant Waldpavillon,** Tel. 8 79 91, das Lokal liegt direkt vor der Steilküste in einem kleinen Wäldchen, von der Terrasse entsprechend grandioser Blick auf die Ostsee.

Tauchen

- **Tauchschule Tietgen,** Tel. 54 93, am Campingplatz Ostsee, spezielle Tauchkurse für Einsteiger und solche, die es werden wollen; Stichwort: Schnuppertauchen. Es werden aber auch Exkursionen zum Wracktauchen angeboten.

Weiter Blick über die Felder bei Klausdorf

Klausdorf

PLZ: 23769
Vorwahl: 04371
Einwohner: 130

Klausdorf liegt an der Ostseite, etwa zwei Kilometer vom Meer entfernt. Eine durchaus ländlich geprägte Siedlung mit einigen **Bauernhöfen,** die auch noch bewirtschaftet werden. Die Dorfstraße schlängelt sich als „Hauptstraße" hindurch, ein paar abzweigende Nebenstraßen ergänzen das Bild. Etwa im Zentrum ruht der kleine **Dorfteich,** von hohen Bäumen umgeben. Wer sich hier auf die Parkbank setzt, kann das Rauschen der Blätter im ständig wehenden Wind verfolgen, mehr Abwechslung gibt's nicht. Auf den umliegenden Äckern drehen sich Windräder, ein regelrechter **Windrad-Park** ist so entstanden. Das Geräusch der Rotoren dürfte aber nur bei hohen Windstärken zu vernehmen sein. Die örtliche **Kneipe** heißt „Dorfschänke", und ein kleiner Imbiss bietet sogar Weizenbier an. Knapp zwei Kilometer entfernt liegt der **Campingplatz** „Klausdorfer Strand" am selbigen.

Strandprofil

Der Klausdorfer Strand erstreckt sich als schmaler, weitgehend **steiniger Streifen**, vor dem sich eine 5-8 m hohe **Steilküste** erhebt. Auch im Wasser liegen einige Felsen, und der Untergrund ist ebenfalls nicht frei von Steinen. Wer ein wenig nach links oder rechts läuft, hat recht schnell eine einsame Stelle gefunden.

Praktische Tipps

Unterkunft

- **FeWo Karin Rauert**€€-€€€, Dorfstr. 20, Tel. 43 66, Fax 66 18. Ein neueres Haus mit acht FeWos auf drei Etagen, eine große Liege- und Spielwiese gehört dazu, und sogar Reitunterricht wird angeboten.
- **Ferienhof An der kleinen Weide**€-€€, Dorfstr. 18, Tel. 98 15, ein umgebauter Bauernhof mit drei Einheiten und großem Garten.
- **Ferienhof Klausdorf**€-€€, Susanne Kleingarn-Bolley, Dorfstr. 3, Tel. 8 61 40, Fax 86 14 55, www.ferienhof-klausdorf.de. Das breiteste Angebot von Klausdorf. In einer 25.000 qm großen Gartenanlage liegen einige Häuser neueren Datums. Weiterhin werden mehrere Häuser unterschiedlichster Größe entlang der Dorfstraße angeboten.
- **Ferienbauernhof Kohlhoff**€-€€, Dorfstr. 32, Tel. 23 21. Drei Einheiten auf umgebautem Hof mit großem Garten. Hier werden noch Kleintiere gehalten.
- **Urlaub auf dem Bauernhof**€-€€, Christine Riesen, Dorfstr. 12, Tel. 32 95, Fax 92 56. Achtzehn FeWos in unterschiedlichen Häusern, sei es in der Alten Kate, einem urigen Bauernhaus, oder in netten Landhäusern. Als Schmankerl: Brötchenservice oder ein ländliches Frühstück im Angebot.
- **Campingplatz Klausdorfer Strand**€€, geöffnet: 1.4.-15.10., Tel. 25 49 oder 23 21 (im Winter), Fax 24 81. 250 Dauerplätze, 210 Touristenplätze und zwei freie Wiesen. Eine der beiden liegt direkt vor der Steilküste. Wer hier sein Lager aufschlägt, genießt traumhafte Ausblicke, muss aber auch den ständigen Wind hinnehmen. Pluspunkt: Warmduschen sind gratis, Fahrräder werden auch vermietet.

Essen & Trinken

- **Dorfstübchen**, kleines Lokal im Ortskern, tägl. 12.00-14.00, 17.00-21.00 Uhr.
- **Steilküsten-Restaurant** auf dem Campingplatz, Tel. 20 94. Rustikale Einrichtung, akzeptable Küche.

Landkirchen

PLZ: 23769
Vorwahl: 04371
Einwohner: 713

Als **Verkehrsknotenpunkt und zweitgrößter Ort** zählt Landkirchen zu den herausragenden Ortschaften der Insel. In den Außenbezirken ein wenig städtisch geprägt, könnte fast eine Art Vorort von Burg sein, mit vielen modernen Einzelhäusern. Im Kern dominiert die Kirche und die umliegenden Straßen verströmen noch etwas alten Charme mit teilweise Kopfsteinpflaster und kleinen Lädchen. Allzuviel darf man sich nun aber auch nicht darunter vorstellen, führt doch eine der am stärksten befahrenen Verkehrsadern direkt an der Kirche vorbei. Da bleibt für Idylle dann nicht mehr viel übrig.

Sehenswertes

St.-Petri-Kirche

Der älteste Teil der Kirche wurde wahrscheinlich im 13. Jh. **errichtet,** urkundlich belegt ist aber erst das Jahr 1385. Geweiht wurde sie dem Schutzpatron der Insel, Petrus, dessen Bildnis über dem westlichen Eingang zu finden ist. Der im 17. Jh. aus schwarzem Holz erbaute Glockenturm steht etwas abseits.

Auffällig ist auch die **Bauweise** der Kirche aus rotem Backstein, einem durchaus üblichen Material in Ostholstein (auch die halbe Lübecker Innenstadt wurde daraus erbaut). Von außen wirkt St. Petri schlicht, mit geraden Linien, überhaupt nicht verschnörkelt und verspielt.

Auch im Inneren glänzt eher würdige Strenge, ergänzt um einige kostbare Details. So beispielsweise das **Votivschiff** aus dem Jahr 1617, eine naturgetreue Nachbildung eines Lübecker Kriegsschiffes. Von allen vor 1650 erstellten Votivschiffen gilt dieses als das schönste, es wurde 1617 von Fehmarner Schiffern gestiftet. Weiterhin se-

LANDKIRCHEN

henswert sind sowohl der spätbarocke **Altar** von 1715 als auch die spätbarocke **Kanzel** von 1727 und die achteckige **Barocktaufe** von 1735, die dem Abendmahlskelch nachempfunden wurde.

Von historischem Wert ist außerdem der **Landesblock,** eine gewaltige Truhe mit starken Schlössern. Hier wurden Urkunden und Siegel verwahrt, als die Fehmarner Landesversammlung noch Sonderrechte genoss. Die einzige Stadt der Insel, Burg, stand lange Zeit unter Lübschem Recht, galt als Außenposten der Hanse, während die „restliche" Insel unter Dänischem Recht stand. Und dies wurde von der Landesversammlung umgesetzt. Der Landesblock konnte nur von den Kirchspielkämmerern der drei Orte (früher „Kirchspiel" genannt) Petersdorf, Landkirchen und Osterkirchspiel gleichzeitig geöffnet werden. Als Besonderheit dürfen auch die 60 **Betschemel** gelten, die den Namen der Eigentümer tragen und die links vom Eingang zu finden sind.

St.-Petri-Kirche in Landkirchen

LANDKIRCHEN

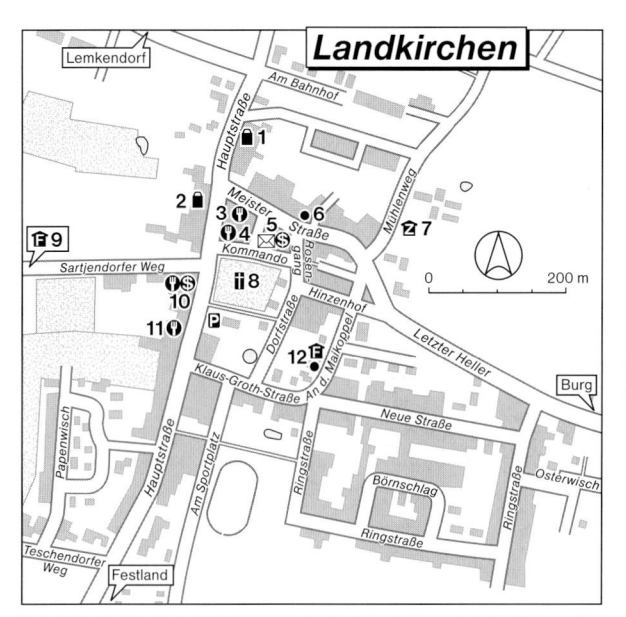

- 1 Surfshop
- 2 Antik- und Trödelladen
- 3 Landkirchner Krug
- 4 Brottis Eck
- 5 Post und Volksbank
- 6 Fahrradverleih Nico Hinz
- 7 Zimmervermittlung Rumpf
- 8 St.-Petri-Kirche
- 9 Ferienhof Feuerlein
- 10 Petersen und Sparkasse
- 11 Dat oole Aalhuus
- 12 Ferienhaus und Fahrradverleih Wieske

Praktische Tipps

Unterkunft
- **Zimmernachweis Rumpf,** Mühlenweg 7, Tel. 62 87. Das Haus liegt etwas versteckt, und der Service wird privat betrieben.
- **Telefonischer Buchungsservice** über Tel. (04372) 9 97 80, die Gesellschaft SHB ist unter dieser Nummer erreichbar.
- **Ferienhof Feuerlein**€-€€€ (liegt schon im Nachbarort Sartjendorf, etwa 500 m von Landkirchen entfernt). Adresse: Haus Nr. 1, 23769 Sartjendorf, Tel. und Fax 67 79. Sechs FeWos im Bauernhaus oder in umgebauter ehemaliger Scheune. Ruhige ländliche Lage und doch dicht genug zum Ort.
- **Ferienhaus Käthe Wieske**€-€€, An der Maikoppel 5, Tel. 92 64. Drei Wohneinheiten in zentraler Lage.

Essen & Trinken
- **Landkirchener Krug,** Meisterstr. 2, Tel. 32 63. Gutbürgerliche Küche.
- **Brotti's Eck,** Hauptstr. 34, Tel. 28 57. Fisch- und andere- Gerichte, die in zwangloser Atmosphäre serviert werden.
- **Dat oole Aalhuus,** Hauptstr. 39 A, Tel. 91 99. Das Haus wurde 1822 erbaut und strahlt ein gemütliches Ambiente aus. Vorzugsweise Fischgerichte, aber nicht ausschließlich.
- **Restaurant Petersen,** Hauptstr. 43, Tel. 32 62. Traditionelles Haus seit 1835 mit schöner Gartenterrasse und einer Spielecke für Kinder. Durchgehend Küche, Mo Ruhetag, und auch von November bis Februar geschlossen.

Einkaufen
- **Antik- und Trödelladen,** Hauptstr. 47.
- **Surfschule und Surfshop,** Hauptstr. 44.

Fahrradverleih
- **Nico Hinz,** Meisterstr. 17, Tel. 33 34.
- **Käthe Wieske,** An der Maikoppel 5, Tel. 92 64.

Lemkendorf

PLZ: 23769
Vorwahl: 04372
Einwohner: 190

Viel kann über dieses Dorf beim besten Willen nicht erzählt werden, denn viel mehr als ein **Straßendorf** kann man es nicht nennen. Die Dorfstraße führt mitten hindurch als eine der wichtigsten Verkehrsschlagadern der Insel, zwei Verbindungsstraßen streben zu Nachbarorten, und winzige Stichwege ergänzen das Ganze.

Der Vorteil von Lemkendorf liegt in seiner **zentralen Lage** im südlichen Westfehmarn. Es sind jeweils nur wenige Kilometer sowohl an die Küste als auch nach Burg und zu den nächstgrößeren Orten. Ein idyllisches Dorfbild wird man nicht vorfinden, eher einen Ort mit Vorstadtcharakter.

Praktische Tipps

Unterkunft
- **FeWo Rickert**€€, Dorfstr. 43, Tel. 2 72, Fax 17 13. Fünf FeWos auf einem biologisch bewirtschafteten Hof mit großem Garten und einigen Tieren.
- **FeWo Hansen**€-€€, Middeldor 3, Tel. 15 42. Drei FeWos in einer Nebenstraße in einem Nichtraucher-Haus (!).
- **Ferienhof Becker**€€, Dorfstr. 6, Tel. und Fax 3 30. Fünf FeWos auf einem größeren Hof, bei dem schon die Auffahrt hervorsticht. Etliche Tiere zum Anfassen und Reiten und viel Grün neben dem weißen herrschaftlichen Haus runden das Angebot ab.

Essen & Trinken
- **Ufer's Gasthaus,** Lindenweg 1, Tel. 8288, tägl. 11.30-21.30 Uhr.

Reiten
- **Ferienhof Schiedler,** Tel. 10 45.

Lemkenhafen

PLZ: 23769
Vorwahl: 04372
Einwohner: 208

Wie der Name schon andeutet, ist Lemkenhafen ein Ort, der **am Wasser** liegt. Ein Seglerhafen hat sich hier folgerichtig angesiedelt. Zwei, drei Lokalitäten gibt es, und die Surfer haben dieses Revier auch entdeckt, wenn auch mehr die Anfänger. Eine Straße schlängelt sich entlang der Küste in den Ort hinein, schlägt einen Haken beim Hafen und führt wieder hinaus.

LEMKENHAFEN

Am Mühlenweg liegt eine inselweit besuchte Sehenswürdigkeit, die **Museumsmühle** (geöffnet: April und Juni bis Oktober tägl., außer Mittwoch, 10.00-17.00 Uhr, sonst eingeschränkte Öffnungszeiten; Eintritt 1,53 €, Kinder von 4-12 Jahren 0,51 €, Studenten und Schüler 1,02 €, gegen Ausweis). Diese europaweit einzig erhaltene Segelwindmühle, „Jachen Flünck", so ihr Name, kann man schon von weitem sehen. Das harte Leben der Landbevölkerung wird anschaulich gemacht durch diverse Arbeitsgeräte und Fotos von der Jahrhundertwende, die die damaligen Arbeitsmethoden zeigen. Aber nicht nur die Welt der Müller wird dargestellt, sondern das ganze Spektrum Fehmarner Kultur, wie das Modell eines Bauernhofes, historische Aufnahmen und Portraits von bekannten Fehmarnern. Und interessanterweise findet man so manchen Familiennamen auf Fotos von Großbauern, die heute als Vermieter von Ferienwohnungen bekannt sind. In den oberen Etagen sind dann tatsächlich Mahlsteine und Kammern für unterschiedliches Getreide zu finden, man ahnt die Mühe. Beim Treppensteigen muss jeder aufpassen, schnell stößt man sich an tief verlaufenden Querbalken.

Ein gutes Surfrevier für Einsteiger befindet sich am **Lemkenhafener Wiek,** knapp einen Kilometer außerhalb von Lemkenhafen in Richtung Westerbergen. Dorf öffnet sich eine weitgeschwungene Bucht, ein Parkplatz ist auch vorhanden, und ein kleines Inselchen namens Warder schützt vor Fallwinden. Diese Stelle ist bei Surfern bekannt und beliebt.

Praktische Tipps

Unterkunft
- **FeWo Klötzing**€€, Mühlenweg 9, Tel. 6 74. Ein Einzelhaus.
- **SHB-Ferienpark**€€-€€€, Mühlenweg, Vermieter: SHB, Bahnhofstraße 10, 23769 Petersdorf, Tel. (04372) 9 97 80, Fax 99 78 12. Insgesamt 50 Wohneinheiten in mehreren einzeln stehenden Häusern, die am Ortsrand zu finden

LEMKENHAFEN

Orte auf Fehmarn

sind. Bestens eingerichtete 2-Raum-Wohnungen mit Platz für bis zu 5 Personen.
- **FeWo Gellert**€-€€€, Mühlenweg 19 A, Vermietungsadresse: Hohenfeldweg 26, 59071 Hamm, Tel. (02381) 8 81 54 oder (04372) 4 92, Fax (02381) 8 81 54. Insgesamt 6 FeWos in zwei Häusern etwa 5 Min. Fußweg vom Hafen entfernt.

Mühlenmuseum

LEMKENHAFEN

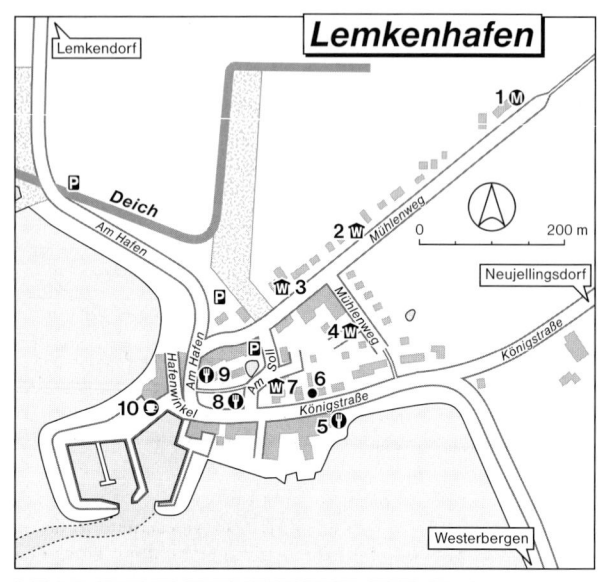

- Ⓜ 1 Museumsmühle
- 🏰 2 Gellert
- 🏰 3 Klötzing
- 🏰 4 SHB-Ferienpark
- 🍴 5 Aalkate
- • 6 Gitti's Fahrradverleih
- 🏰 7 Schümann
- 🍴 8 Kolles Fischpfanne, Kaptänsstube
- 🍴 9 Seeblick
- ☕ 10 Meeresfrieden

●**FeWo Schümann**€, Am Soll 3, Tel. 2 33. Eine FeWo in einem kleinen Haus, ganz nah beim Hafen.

Essen & Trinken

●**Kolles Fischpfanne,** Königstr. 5-7, Tel. 99 18 32. Das Restaurant liegt sozusagen im Schnittpunkt zweier Straßen, bietet Fisch und andere Leckereien, jeden So Fischbüffet von 12.00-21.00 Uhr.

●**Kapitänsstube,** liegt gleich nebenan und hat u.a. eine gewaltige Kapitänsplatte Im Angebot.

Restaurant Seeblick, Am Hafen 1, Tel. 7 97. Der Name sagt's schon.

●**Café Meeresfrieden,** Am Hafen, Tel. 18 15. Liegt unmittelbar am Hafen.

MEESCHENDORF

- **Restaurant Aalkate,** Königstr. 20, Tel. 5 32. Zwar steht viel Fisch auf der Karte, aber nicht nur Aal.

Fahrrad- • **Gitti's Fahrradverleih,** Königstr. 15.
verleih

Meeschendorf

PLZ: 23769
Vorwahl: 04371
Einwohner: 940

Meeschendorf liegt im südöstlichen Teil der Insel. Viel mehr als zwei Verbindungsstraßen zu den benachbarten Orten lassen sich auch kaum aufzählen. Burg ist recht nah, kaum drei Kilometer entfernt nämlich, eine ähnlich „weite" Distanz muss der Urlauber zum Strand zurücklegen, alles keine Entfernungen also. In Meeschendorf findet man übrigens die schöne Einrichtung eines **Gemeinschaftshauses,** neben einem Spielplatz und einem kleinen Teich gelegen.

Praktische Tipps

Unterkunft
- **Alte Schmiede**€, Norbert Pfeifer, Tel. 41 72 oder (040) 2 50 68 08. Zwei FeWos in einem hellen Gebäude, direkt vor dem kleinen Teich gelegen.
- **FeWo Werner Lützenberger**€€-€€€, Haus Nr. 3 A, Tel. und Fax (030) 3 36 84 49. Ein Fachwerkhaus mit Balkon am Ortsrand, 3 Einheiten.
- **Ferienhof Kleingarn**€-€€, Haus Nr. 8, Tel. 32 31, Fax 86 97 69. Insgesamt 13 Einheiten unterschiedlichster Größen in einer Appartmentanlage und einem Bauernhaus.
- **Ferienhof Kleingarn**€-€€€, Haus Nr. 15, Tel. 31 03, Fax 8 75 43, www.ferienhof-kleingarn.de. Insgesamt 16 Einheiten in unterschiedlichen Häusern, sowohl auf einem Hof als auch in einer kompakten Apartmentanlage oder in zwei Ferienhäusern.
- **Campingplatz Südstrand**€€, Tel. 21 89, Fax 49 90, geöffnet: 1.4.-30.9. Sowohl 230 Dauerplätze als auch 200 Touristenplätze. Große Anlage, direkt am Strand gelegen vor weitläufigen Getreidefeldern. Für Kinder wurde eine riesige Spielwiese eingerichtet, und eine finnische Sauna lockt als ungewöhnliches Angebot.

●**Europa-Camping**€, Tel. 24 19, geöffnet: 1.4.-30.9. Ein mittelgroßer Platz mit 80 Dauer- und 50 Touristenplätzen, direkt an der Ostsee. Für Kinder wurden ein Spielplatz und eine Spielstube sowie ein Minigolfplatz eingerichtet.

Neujellingsdorf

Ein Minidorf, zwischen Lemkenhafen und Landkirchen gelegen, aber mit einer Rekordmarke der ganz speziellen Art, nämlich mit **Deutschlands kleinstem Flugplatz.** Nicht viel mehr als eine abgemähte und gewalzte Wiese, aber trotzdem mit Flugsicherung. Hier starten und landen die Maschinen zu Rundflügen über die ganze Insel, ab

3 Personen, die sich immer schnell finden. Infos bei Pilot Klaus Skerra: Tel. (04372) 91 00 oder am Flugplatz (0161) 2 43 27 08. Preis: 16,83 € pro Person ab drei Personen.

Wer will, kann hier auch mal einen Tandem-Fallschirm-Sprung wagen. (Mi-So) Preis: 183 €. Infos: Tel. 86 94 60.

Orth

PLZ: 23769
Vorwahl: 04372
Einwohner: 128

Einer der ganz wenigen Orte auf Fehmarn, die überhaupt **direkt am Meer** liegen. Dies gibt ihm schon gleich eine besondere Note, wenngleich Orth aus kaum mehr als zwei Straßen besteht. Unwichtig, was zählt, sind maritimes Flair und Wassersport.

Orth weist einen kleinen **Hafen** auf mit Liegeplätzen für kleine und mittlere Segelboote, außer-

ORTH

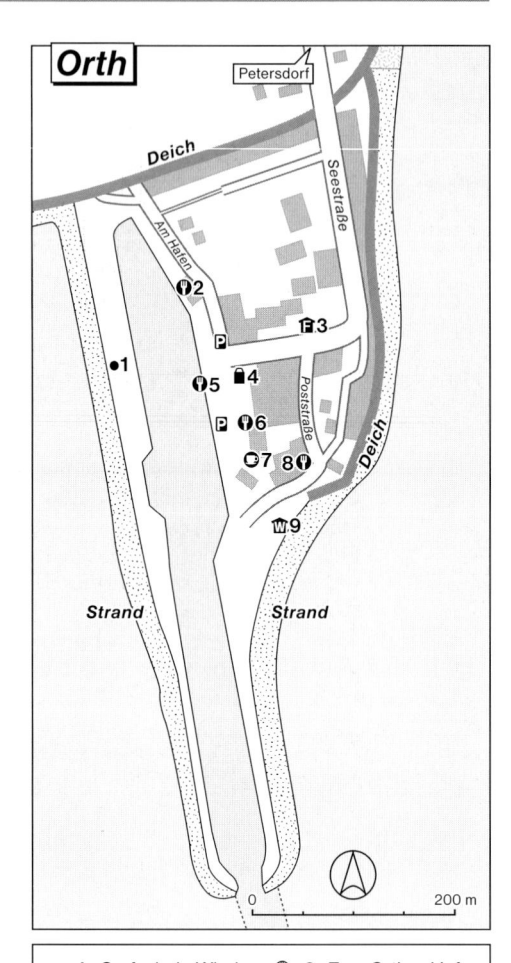

- • 1 Surfschule Windsurfing Fehmarn
- 🍴 2 Piratennest
- 🏨 3 Ferienhof Scheel
- 🛍 4 Shop Windsurfing Fehmarn
- 🍴 5 Futterkutter Orth
- 🍴 6 Zum Orther Hafen
- ☕ 7 Sorgenfrei
- 🍴 8 Ostseeblick
- 🏠 9 FeWos Am Hafen

dem liegt so richtig schön zentral am Kai ein als maritimes Restaurant umgebauter Kutter. Eine kleine Hafenpromenade lädt zum Bummeln ein, allerdings darf man nicht zu viel erwarten. Nach knapp 200 m hört sie auf, endet am Hafenbecken bzw. auf der anderen Seite am Deich. Ein paar **Lokale und Geschäfte** sorgen für Abwechslung, das war's denn auch schon. Einmal um das Hafenbecken herumgewandert, wird das **Surfrevier** erreicht. Hier üben Anfänger, eine Surfschule bringt den richtigen Umgang bei.

Wenig los also in Orth, aber man kann so richtig schön **aufs Wasser gucken,** besonders von der Terrasse des Cafés Sorgenfrei, und irgendwann stimmt dann auch der Name.

Einzige Sehenswürdigkeit ist seit Jahren der geschnitzte Wegweiser nach Orth an der Donau, Hawaii und Danzig. Den hat Kuddel, der Schnitzer geschaffen, der oft auf seinem Boot „Ran" anzutreffen ist.

Im Hafen von Orth

Praktische Tipps

Unterkunft

- **Ferienhof Scheel**€-€€, Seestr. 18, Tel. 2 23. Drei FeWos und ein Ferienhaus in unmittelbarer Nähe des Surfreviers.
- **Ferienwohnungen am Hafen**€€, Am Hafen, Anbieter: Antje Borgwardt, Tel. (04371) 12 22. Neueres Gebäude in Top-Lage mit Top-Ausblick auf den Hafen.
- **Apartmenthaus Orther Reede**€-€€, Vermieter: SHB, Bahnhofstr. 10, 23769 Petersdorf, Tel. (04372) 9 97 80, Fax 99 78 12. Angeboten werden 1-3-Zimmer-Wohnungen am Hafen.

Essen & Trinken

- **Futterkutter Orth.** Speisen auf einem ehemaligen Kutter, liegt im Hafen, am Ende der Zufahrtsstraße.
- **Restaurant Piratennest,** Am Hafen 1, Tel. 4 22. Nicht zu übersehen, am Hafen rechte Seite, direkt am Wasser gelegen. Die Betreiber haben die Karte recht witzig gestaltet, so gibt's beispielsweise eine „Gourmet Fischpladdde (kein Schreibfehler)".
- **Restaurant Zum Orther Hafen,** Am Hafen, Tel. 99 18 19. Fisch – was sonst?
- **Restaurant Ostseeblick,** Poststr. 10, Tel. 2 00. Der Name ist Programm, jeden Do Seglerabend mit hauseigenem Labskaus und Live-Musik.
- **Café Sorgenfrei,** Am Hafen 4, Tel. 12 58. Schön unter Kastanien gelegenes kleines Café mit Terrasse. Selbstbedienung und Hafenblick.

Angeln

- **MS Antares** bietet Touren zum Hochseeangeln an, Preis: 20,40 €, Kinder und Nichtangler: 12,75 €. Abfahrt 7.30 Uhr, Rückkehr 15.30 Uhr. Bitte bei Kapitän *H. John* anmelden, Tel. 82 57.

WINDSTÄRKEN

Windstärken

nach Beaufort=Bft

Bft	km/h	Wind und Zustand der See
0	0-1	Still, es herrscht Windstille, Rauch steigt senkrecht auf, das Meer ist glatt.
1	1-5	Leiser Luftzug, leichte Kräuselung der See.
2	6-11	Leichte Brise, leichter Wind spürbar.
3	12-19	Schwache Brise, vereinzelte Schaumköpfe auf dem Meer, Fahnen stehen im Wind gestreckt.
4	20-28	Mäßige Brise, vermehrt Schaumköpfe auf dem Meer.
5	29-38	Frische Brise, überall Schaumköpfe auf dem Meer.
6	39-49	Starker Wind, große Wellen entstehen, etwas Gischt wird gebildet.
7	50-61	Steifer Wind, Wellen türmen sich, weißer Schaum in Windrichtung, ganze Bäume schwanken.
8	62-74	Stürmischer Wind, relativ hohe Wellenberge, gegen den Wind gehen fällt schwer.
9	75-88	Sturm, hohe Wellenberge entstehen, Dachziegel können abgewebt werden.
10	89-102	Schwerer Sturm, sehr hohe Wellenberge, weißer Schaum auf dem Meer, Bäume können entwurzelt werden.
11	103-117	Orkanartiger Sturm, sehr hohe Wellenberge.
12	118 und mehr	Orkan, das Meer ist vollständig weiß, die Luft ist mit Gischt durchsetzt.

Ein Wegweiser von Kuddel, dem Schnitzer

Surfen	● **Windsurfing Fehmarn,** Am Hafen, Tel. und Fax 10 52. Das Motto lautet „Shop, School and Service", womit wohl das Wichtigste gesagt ist. Surfkurse werden in der Südbucht gegeben, wer noch Material und Ausrüstung benötigt, frage im Shop nach, und Service ist natürlich selbstverständlich.
Holzschnitzen	● Das kunstvolle Hinweisschild am Hafen mit der Angabe, dass es bis nach Hawaii 9878 Seemeilen seien, stammt von **Kuddel, dem Schnitzer.** Er schnitzte auch das Schild der Aalkate in Lemkenhafen und kann zumeist auf seinem Segelkutter „Ran" angetroffen werden. *Kuddel* nimmt auch gern Aufträge von Urlaubern an, speziell über Winter.

Petersdorf

PLZ: 23769
Vorwahl: 04372
Einwohner: 1477

Im Vergleich darf Petersdorf ein größerer Ort auf Fehmarn genannt werden, von der Einwohnerzahl liegt er auf Platz 2. Wenig Spektakuläres wird der neugierige Besucher jedoch erwarten dürfen. Die relativ **zentrale Lage** im Westen der Insel hat Petersdorf zu einer Art Anlaufpunkt und Verkehrsknotenpunkt werden lassen. Die idyllischen Straßen rund um die Kirche und diese selbst sind besichtigenswert, das war's dann aber auch schon.

In Petersdorf findet alljährlich das große **Rapsblütenfest** statt, zumeist im Juni, aber der genaue Termin kann schwanken und sollte über die Tourismusinformation bestätigt werden. Dann kommen Tausende zusammen, die gesamte umliegende Natur hat sich derweil ein gelbes Kleid angezogen. Höhepunkt ist die Wahl der Rapskönigin, aber auch sonst wird kräftig gefeiert, das ganze Wochenende nämlich. Speziell zur Rapsblüte können Pauschalangebote gebucht werden, es ist wirklich ein Augenschmaus sondergleichen. Weit und breit wogt ein Meer von gelben Blüten, am schönsten natürlich zu betrachten aus der Luft.

Rundflüge können beim Flugplatz Neujellingsdorf gebucht werden (siehe dort).

Sehenswertes

St.-Johannis-Kirche Weithin sichtbar ist der **Kirchturm** der St.-Johannis-Kirche, mit 62 m der höchste Turm der Insel. Angeblich diente er in früheren Zeiten den Seeleuten als eine Art Markierung. Er wurde nach einem Brand im 16. Jh. neu erbaut.

St.-Johannis-Kirche in Petersdorf

PETERSDORF

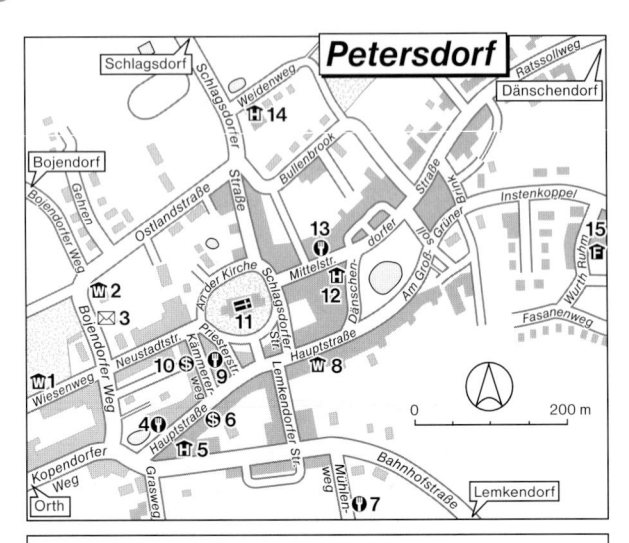

- 🏨 1 Gitti's Gästehaus
- 🏨 2 Struve
- ✉ 3 Post
- 🍴 4 Bauernstübchen
- 🏨 5 Bahnhofshotel
- 🏦 6 Volksbank
- 🍴 7 Südermühle
- 🏨 8 Ferienhof Haltermann
- 🍴 9 Kartoffelscheune
- 🏦 10 Sparkasse
- ⛪ 11 St.-Johannis-Kirche
- 🏨 12 Pension Lange
- 🍴 13 Dorfkrug
- 🏨 14 Hotel Kastania
- 🏨 15 Ferienanlagen Kiebitzhof und Wahrt-Ruhm

Die **Kirche selbst** wurde aus rotem Backstein im 13. Jh. errichtet. Das genaue Datum bleibt unbekannt, wahrscheinlich datiert sie aus der Zeit um 1250, als der dänische König *Waldemar II.* die Regentschaft über die Insel ausübte. Die Kirche wirkt recht dominierend, aber auch gleichzeitig äußerst schlicht.

Kriegssoll

PETERSDORF

Im Inneren setzt sich der Eindruck der stilvollen Schlichtheit fort, wuchtige Stützpfeiler und Spitzbögen tragen das dreischiffige Gotteshaus, aber sie integrieren sich geschickt ins Gesamtbild. Mehrfach wurde restauriert und umgebaut, bis schließlich in neuerer Zeit versucht wurde, „die Architektur zu vereinheitlichen und zu purifizieren". So steht es in einem Kirchenprospekt, und besser kann es nicht ausgedrückt werden.

Dem passt sich auch der gotische dreiflüglige **Altar** an, der schon 1390 erschaffen wurde. Noch ein paar Jährchen mehr zählt die gotländische **Kalksteintaufe** (1280). An den Seitenwänden hängen diverse gestiftete Gemälde und etliche kunstvoll geschnitzte **Holzepitaphien** reicher Fehmarner.

Geöffnet: tägl. 8-18 Uhr, Gottesdienst: So 10 Uhr. Während der Sommersaison finden am Abend Konzerte statt.

Ein äußeres Detail kann vom Boden nur teilweise gesehen werden, perfekt wäre ein Blick von oben: Um die Kirche wurde kreisförmig ein Ring aus Bäumen gepflanzt.

Kriegssoll Ein kleiner **Gedenkstein** für die Opfer der Schlacht zwischen Dänen und Schweden am 29. 6. 1644. Der schlichte Satz „För fohlen Fehmaraner" erinnert an die Tatsache, dass der 30-

jährige Krieg sogar bis auf diese entlegene Insel vordringen konnte und Tote unter der Inselbevölkerung forderte.

Zu finden: Die Straße, von Burg kommend, nach Landkirchen fahren, etwa 500 m vor Landkirchen zweigt rechts ein Pfad ab. Ein kleines blaues Schild, das aber leicht übersehen werden kann, weist die Richtung. Diesem Pfad etwa 200 m folgen (Autofahren nicht möglich!), dann wird ein kleiner Teich erreicht, dort steht der Gedenkstein

Praktische Tipps

Unterkunft

- **Hotel Kastania€€€**, Schlagsdorfer Str. 10, Tel. 9 92 99, Fax 99 29 29. 14 gut eingerichtete Zimmer bietet dieses Haus am Ortsrand und einen tollen Blick über die Felder.
- **Ferienhaus Lange€-€€**, Mittelstr. 9, Tel. 6 01, Fax 6 30. Insgesamt 11 FeWos in neuerem Haus, das sowohl ruhig, aber doch zentral liegt und einen großzügigen Garten zum Spielen und Entspannen hat.
- **Gitti's Gästehaus€€**, Wiesenweg 6-8, Tel. und Fax 99 69 00. In einer Sackgasse gelegenes Einzelhaus mit 6 Einheiten und Blick über die Felder.
- **FeWo Struve€**, Bojendorfer Weg 5, Tel. 4 18. Ein Haus mit 4 Wohnungen in einer Seitenstraße.
- **Ferienanlage Kiebitzhof€€-€€€**, Kiebitzweg 1-12. Vermieter: SHB, Bahnhofstr. 10, Petersdorf, Tel. 9 97 80, Fax 99 78 12. Insgesamt 12 Häuser mit je 4 Apartments liegen ruhig am Ortsrand, mit weitem Blick über die Felder. Preis je nach Apartmentgröße.
- **Ferienanlage Wuhrt-Ruhm,** gleicher Vermieter, nur eine Straße weiter gelegen. Insgesamt sind 77 FeWos im Angebot, Preise wie Ferienanlage Kiebitzhof.
- **Ferienhof Haltermann€-€€**, Hauptstr. 32, Tel. 9 97 90, Fax 99 79 22. Zehn FeWos in neuerem Haus mit großem Garten im Ortszentrum.
- **Pension Lange€€**, Mittelstr. 10, Tel. 6 01, Fax 6 30. Sechs Zimmer in einem neuen Haus beim Dorfteich.

Essen & Trinken

- **Kartoffelscheune,** Kämmererweg 3 A, Tel. 15 81. Na, was wohl ...?
- **Restaurant Südermühle,** Mühlenweg 3, Tel. 6 36. Weithin sichtbar ist die alte Mühle am Ortsrand mit urigem Ambiente.

Fährhafen Puttgarden

- **Restaurant Bauernstübchen,** Hauptstr. 15, Tel. 2 56. Der Name täuscht, nicht nur Landwirte treffen sich hier.
- **Dorfkrug,** Mittelstr. 9, Tel. 13 40. Fundierte hausgemachte Küche.
- **Bahnhofshotel,** Bahnhofsstr. 1, hat den Schwerpunkt auf Fisch und behauptet: „hier feiert der Westen Fehmarns"

Fahrradverleih

- **Fahrradverleih Lange,** Mittelstr. 9.

Puttgarden

PLZ: 23769
Vorwahl: 04371
Einwohner: 487

Der vielleicht bekannteste Ort Fehmarns, zumindest seitdem die **„Vogelfluglinie"** existiert. 1963, als die Brücke vom Festland auf die Insel eröffnet wurde, war der Weg frei für eine durchgehende Bahn- und Straßenverbindung nach Dänemark. Ab sofort konnte direkt gereist werden, eben so, wie die Vögel schon immer flogen.

Und seit jenen Tagen besteht der **große Fährhafen** in Puttgarden an der Nordseite Fehmarns. Im

PUTTGARDEN

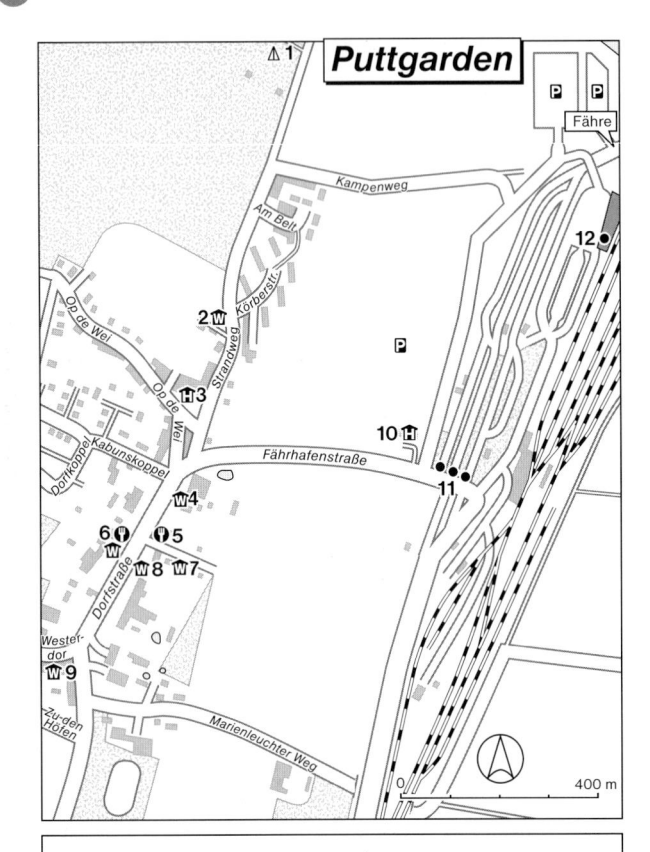

- ⛺ 1 Campingplatz
- 🏠 2 Böncke
- 🏨 3 Pension Seeblick
- 🏠 4 Rauert
- 🍴 5 Johnsen's Gasthof
- 🍴 6 Rest. Skandinavia
- 🏠   und FeWo Kokernak
- 🏠 7 Langbehn
- 🏠 8 Röhl
- 🏠 9 Ferienhof Höper
- 🏨 10 Hotel Dania
- ● 11 Ticketverkauf für die Fähre
- ● 12 Bahnhof

PUTTGARDEN

Halbstundentakt laufen heute Fährschiffe aus, machen den kurzen Sprung hinüber nach Rødby auf der dänischen Insel Lolland. Die Europastraße E 45 endet direkt vor dem Hafen, und auch der Bahnhof Puttgarden liegt unmittelbar vor der Kaianlage. Da könnte man jetzt hektisches Treiben erwarten, dem ist aber nicht so. Zwar verschwinden Lastwagen und Pkws zügig im Bauch der Fähren, auch ganze Züge werden hineinrangiert, das war's dann aber auch schon. Besucher können dies prima von einer Brücke, einer Art Besuchergalerie, aus beobachten. Direkt vor dem Bahnhof wurde ein so genannter „Boarder Shop" eingerichtet, in dem sich vor allem Dänen mit Alkohol eindecken. Im Hafen liegt auch eine Art schwimmendes Kaufhaus, das sieben Decks hohe „Portcenter". Hauptsächlich Skandinavier decken sich hier mit Alkoholika und andren Artikeln ein, die in ihren Ländern deutlich teurer sind.

Wo bekomme ich **Tickets für die Fähre?** Wer über die E 45 Richtung Puttgarden fährt, gelangt zwangsläufig an eine Verkaufsstelle, die ein wenig an eine Mautstation an einer französischen Autobahn erinnert. Ungewöhnlich, aber praktisch: Einreihen in eine der Schlangen, bezahlen und rauf aufs Schiff, niemand muss das Auto verlassen, einen Parkplatz und dann das Büro suchen.

Einem **Kurzbesuch in Rødby** steht nichts im Wege, alle 30 Minuten legt ein Schiff ab, die Überfahrt dauert 45 Minuten. Wer nach 23.15 Uhr als Fußgänger mitfahren will, muss sich telefonisch anmelden, der Apparat hängt hinter dem Ticketautomaten. Und auch den Ausweis nicht vergessen!

Preise
- **Auto inkl. 9 Pers.:** einfache Fahrt 44,90 €, über 6 m Länge: 58,67 € (Preise der Hauptsaison).
- **Unmotorisierte Passagiere:** Erwachsene 5,10 € einfache Fahrt, Kinder von 4-11 Jahre und Senioren ab 60 Jahre zahlen die Hälfte.
- **Kombi-Tickets** für die ganze Familie, einschl. Pkw und Eintritt für verschiedene dänische Zoo- bzw. Freizeitparks z.B. Knuthenborg Safaripark, eine Oldtimershow, das Mittelalterzentrum in Nyköping oder das Badeparadies Lalandia.

PUTTGARDEN

- **Radfahrer:** einfache Fahrt 6,63 €, inkl. Rad.
- **Motorrad** mit bis zu 2 Pers.: 24,49 € einfache Fahrt.
- **Lunchpaket:** Man kann für 5,10 € ein Lunchpaket mitnehmen, 1 Tag vorher bestellen.

Infos
- **Scandlines**, Fährcenter Puttgarden, Tel. 86 51 61, Fax 86 51 62. Internet: http://www.scandlines.de

Etwa einen Kilometer entfernt liegt das **Dorf Puttgarden.** Wenig spürt man dort vom Fährbetrieb, alles geht seinen ruhigen Gang. In einem schwungvollen Bogen führt die Dorfstraße, später Fährhafenstraße, zum Terminal, die meisten Puttgardener leben in Einfamilienhäusern, die in abzweigenden Straßen stehen. Ein guter Kilometer bleibt noch bis zum Strand, dort kann auch gezeltet werden. Von der Deichkrone lassen sich die Fährschiffe beim Ein- und Auslaufen gut beobachten. Der Strand selbst ist schmal und leicht mit Steinen durchsetzt.

Praktische Tipps

Unterkunft
- **Hotel Dania**€€€€, Am Fährbahnhof, Tel. 86 60, Fax 86 61 66. Insgesamt 66 Zimmer. Das siebengeschössige Haus geht kaum als Schönheit durch, es liegt unmittelbar neben dem Fährterminal.
- **Johnsen's Gasthof**€€, Dorfstr. 22, Tel. 37 84, Fax 67 30. Sechs Zimmer im Ortskern.
- **Pension Seeblick**€€, Op de Wei 8-10, Tel. 8 67 60, Fax 86 76 16. Sechs Zimmer in ruhiger Seitenstraße – allerdings ohne Seeblick.
- **Ferienhaus Langbehn**€€, Dorfstr. 18, Tel. 35 58. Dieses Einzelhaus liegt etwa 100 m von der Hauptstraße entfernt.
- **FeWo Böhnke**€-€€, Strandweg 17 A, Tel. 8 70 53, Fax 8 70 54. Vier Einheiten in kleinem, hübsch gestaltetem Haus.
- **FeWo Höper**€€, Westerdor 5, Tel. 22 77, Fax 8 76 44. Vier Einheiten, die separat auf einem Bauernhof in einem angenehmen Umfeld stehen.
- **FeWo Kokernak**€€, Dorfstr. 17, Tel. 45 57, Fax 47 85. Zwei FeWos in einem hellen, mittelgroßen Haus.
- **FeWo Rauert**€€, Dorfstr. 24, Tel. 32 84, Fax 86 96 54. Vier moderne FeWos im Reihenhausstil auf einem Hofgelände mit großem Garten.
- **FeWo Röhl**€€, Dorfstr. 8, Tel. 8 70 60, Fax 8 70 61. Zwei Einheiten in hübsch gestaltetem Haus, netter Garten.
- **Campingplatz Puttgarden**€, Tel. 34 92, geöffnet: 1.4.-15.10., 84 Dauerplätze, 56 Touristenplätze. Der Camping-

platz liegt direkt hinter dem Deich, mit Blick auf den Fährverkehr. Einkaufsmöglichkeit und Gaststätte sind vorhanden sowie ein Kinderspielplatz.

Essen & Trinken	• **Restaurant Skandinavia,** Dorfstr. 9, Tel. 18 86. • **Johnsen's Gasthof,** Dorfstr. 20, Tel. 67 30.

Staberdorf

PLZ: 23769
Vorwahl: 04371
Einwohner: 158

Dieses Dorf liegt im äußersten südöstlichen Zipfel von Fehmarn. Diese **abseitige Lage** hat wohl viele Jahrzehnte das Bild geprägt, alle drei Straßen tragen plattdeutsche Namen. Die Hauptstraße heißt Dörpstraat (Dorfstraße), die nördliche Ringstraße „Alt Hinrichsbarg" (Alter Hinrichsberg) und die südliche „Achter de Höf" (Hinter den Höfen). Dieser Name dürfte früher mal Programm gewesen sein, befanden sich dort wohl die Bauernhöfe. Vereinzelt sieht man sie auch noch, aber doch mehr einzeln stehende **Häuser,** die schon das eine oder andere Jahrzehnt auf dem Buckel haben. In der Straße Achter de Höf wurden eine ganze Reihe Neubauten errichtet, mit herrlich weitem Blick über die Felder. Auch einige FeWos sind hier zu finden.

Im Ortskern erhebt sich unweit vom Dorfteich ein **Kriegerdenkmal** zur Erinnerung an die nicht mehr Zurückgekehrten aus den beiden Weltkriegen. Hier findet man erschreckend viele Namen für ein derart kleines Dorf.

Staberdorf liegt ruhig, aber der Feriengast hat es nicht weit nach Burg und noch weniger zu den Stränden, speziell dem schönen vom Südstrand.

Zu Staberdorf zählt verwaltungstechnisch auch **Fehmarnstrand,** deswegen sind etliche FeWos auch im Unterkunftsverzeichnis dort zu finden.

STABERDORF

Fehmarnstrand ist kein Ort, sondern eine größere Anlage von Ferienwohnungen. Allzu viel Phantasie haben die Architekten leider nicht walten lassen, es handelt sich durchweg um zwei- bis dreigeschossige Wohnblocks. Von denen, die in der ersten Reihe stehen, schaut man traumhaft auf die Ostsee, das schon! Der Strand ist äußerst schmal, teilweise misst er keine fünf Meter. Die Mehrheit der Wohnungen scheint privat genutzt zu werden, einige wenige werden aber auch vermietet. Details im Unterkunftsverzeichnis, da ich keine „Favoriten" erkennen konnte.

Strandprofil

Knapp zwei Kilometer entfernt endet eine schmale, aber asphaltierte Straße am Meer, hier verläuft der **Strand von Staberhuk.** Etwa 10-15 m breit, mit

Am Naturstrand von Staberdorf

STABERDORF

Steinen durchsetzt, erstreckt er sich vor einer nicht allzu hohen Steilküste. Die letzten Meter bis zum Strand sind nur über eine Schotterpiste zurückzulegen, hier parken all diejenigen, die es zu dieser abseitigen Stelle zieht. Kuriosum am Rande: Irgendwer hat einmal ein WC gebaut, weiß Gott nicht überall zu finden. An Service-Einrichtungen gibt es sonst nichts. Schade, dass man wohl nicht die Kantine der Bundeswehr nutzen kann, denn die hat hier einen Beobachtungsposten.

Wer noch einmal zwei Kilometer fahren mag, passiert **Staberhof** (ausgeschildert) und erreicht beim Leuchtturm von Staberhuk schließlich die **äußerste Südostspitze Fehmarns.** Nicht nur bei gutem Wetter sollte das Festland zu erkennen sein, es sei denn, Nebel kommt auf.

Praktische Tipps

Unterkunft

- **Ferienhof Bencken,** Dörpstraat 21, Tel. und Fax 31 35. Insgesamt 18 FeWos€-€€ unterschiedlicher Größe auf einem 20.000 qm großen Hof, mit Landhaus, Reetdachhaus oder Hofanlage. Große Liegewiese, Pferdekoppel, Tennisanlage, Grillplatz, Aufenthaltsraum runden das Angebot ab. Ferienhaus€€€€-€€€€.
- **FeWo Paulsen**€-€€€, Dörpstraat 34, Tel. 43 79, Fax 8 76 16. Insgesamt 18 Einheiten unterschiedlicher Größe in einer Art Reihenhaus im Ortskern beim Teich oder in einem Haus am Dorfrand.
- **FeWo Meislahn**€€-€€€, Dörpstraat 43, Tel. 31 67, Fax 33 58. Mehrere Einheiten, untergebracht in unterschiedlichen Gebäuden, hauptsächlich im Reihenstil gehalten.
- **Helenenhof**€€-€€€, Birgit Heinrich, Dörpstraat 42, Tel. 20 51, Fax 8 77 00. Ein umgebauter Hof, großzügige Auffahrt, weitläufiger Garten, 4 FeWos.
- **Landhaus Voß**€€, Dörpstraat 46, Tel. 95 08, Fax 95 44. Ein neues, etwas „über Eck" verwinkelt gebautes Haus mit sechs Einheiten und großem Garten.

Essen & Trinken

- **Gaststätte zur Linde,** Dörpstraat 15, Tel. 57 67. Das gängige Angebot.

Fahrradverleih

- **Fahrrad Beneken,** Dörpstraat, Tel. 31 35.

Strukkamp

PLZ: 23769
Vorwahl: 04371
Einwohner: 114

Ein weiteres Straßendorf im Süden der Insel, die Europastraße E 47 verläuft in Sichtweite vorbei. Das **Dorfbild** zeigt sich etwas durchmischt. Wenngleich unübersehbar die älteren Häuser dominieren, wurde das eine oder andere neuere gebaut.

Etwa einen Kilometer entfernt spannt sich die **Fehmarnsundbrücke** hinüber aufs Festland, eine Piste führt genau bis zum Fuß der Brücke. Gewaltig sieht sie aus, von hier unten betrachtet. Mächtig erhebt sich der Beton, zieht sich der „Kleiderbügel" hinüber aufs Festland. Für Autofahrer ist hier Schluss, Wanderer und Radfahrer haben allerdings die Möglichkeit, sowohl auf die Brücke zu steigen (ein schmaler Weg führt hoch) oder drunter durchzufahren und den Weg in den Südosten Fehmarns fortzusetzen.

Vom Ort aus sind es etwa 800 m bis zum **Naturstrand.**

WASSERVOGELRESERVAT WALLNAU

Praktische Tipps

Unterkunft
- **FeWo Kollbaum**€€, Haus Nr. 53, Tel 98 52. Zwei FeWos in einem neueren Einzelhaus mit weitem Blick über die Felder, Terrasse und Naturgarten.
- **FeWo Muhl**€-€€, Haus Nr. 40, Tel. 14 72, Fax 86 93 13. Zwei FeWos auf ehemaligem Hof.
- **FeWo Tiemann**€-€€, Haus Nr. 45, Tel. 93 91. Zwei FeWos in geschmackvoll umgebautem Haus, wo der Besitzer noch selbst Fische räuchert.
- **FeWo Burow**€€, Haus Nr. 57. Vermieter: *Horst Burow*, Lutherstr. 13, 24114 Kiel, Tel. (04371) 39 10 oder (0431) 6 15 30. „Letztes Haus vorm Wasser" lautet die Eigenwerbung dieses neuen Hauses mit Ortsrandlage, aber ein paar hundert Meter sind's schon noch. Zwei FeWos.
- **Campingplatz Strukkamphuk**€€, Tel. 21 94, Fax 8 71 78, geöffnet 1.1.-31.12. Ein weitläufiger Platz, in Sichtweite zur Fehmarnsundbrücke am Strand gelegen. Er bietet immerhin 600 Stellplätze, die Hälfte davon Touristenplätze. Eine Besonderheit: Alle Plätze haben eigenen Strom- und Wasseranschluss. Im Sommer gibt's ein Animationsprogramm, und eine eigene Surfschule bietet Kurse. Wohnwagen werden auch vermietet, und zu bestimmten Zeiten können Komplett-Angebote genutzt werden (Rapsblüte, Herbst etc.).

Essen & Trinken
- **Restaurant Zur Sundbrücke,** am Ortseingang, Tel. 67 88. Das übliche Angebot.

Wasservogelreservat Wallnau

An der Westseite der Insel entstand 1977 auf einem ehemaligen Gutshof ein Wasservogelreservat und Naturschutzgebiet. Weite Teile der Wallnauer Niederung sowie ein 300 m breiter Streifen der Ostsee stehen seitdem unter Naturschutz. Das **Areal** hat eine Gesamtgröße von 297 ha und besteht aus flachen Teichen, Feuchtwiesen und einem zwei Kilometer langen Strand nebst Stranddünen.

Blick auf die Fehmarnsundbrücke von Strukkamp aus

WASSERVOGELRESERVAT WALLNAU

Der Naturschutzbund hat hier ein Informationszentrum und einen Lehrpfad angelegt. Besucher können durch das Reservat gehen, dürfen aber natürlich nicht die Wege verlassen. Ein Rundgang beginnt in dem weißen **Informationszentrum,** wo jeder Besucher einen Überblick erhält. So kann man sich beispielsweise an einem Modell eine erste Orientierung verschaffen. Eine Führung beginnt hier mit einem kleinen Vortrag.

Dann geht's los in die Natur. Schon nach 500 m werden die **Beobachtungsstellen,** die „Verstecke", erreicht. Zum besseren Beobachten der Vögel wurden vier Sichtschutzwälle errichtet, wo kleine Hütten mit Beobachtungsschlitzen eingebaut wurden. Von dort schaut man auf die verschiedenen Teiche, die unterschiedlichen Lebensräume der Vögel. Die Menschen verbergen sich gewissermaßen vor den Tieren, beobachten diese aus sicherer Distanz. So kommen Mensch und

Das Informationszentrum lädt ein

Tier sich gar nicht erst ins Gehege, die Tiere können obendrein in ihrem ursprünglichen natürlichen Verhalten beobachtet werden.

Insgesamt ist nur ein kleiner Teil des Reservats für Besucher freigegeben, einen guten Überblick über die ganze Anlage gewinnt der Besucher vom 12 m hohen **Beobachtungsturm.**

Das ganze Jahr über können hier Vögel beobachtet werden. Etwa 80 **Vogelarten** brüten beispielsweise im Frühjahr, während im Winter Vögel kommen, die sonst in weiter nördlich gelegenen Gefilden leben. Im Sommer werden die Jungvögel aufgezogen, im Herbst zieht es etliche Vögel in den Süden, während zugleich aus dem Norden Tausende von Enten kommen. Die Vielfalt der Vogelwelt ist derart beachtlich zu jeder Jahreszeit, dass es keine schlechte Idee wäre, sich einer geführten Tour anzuschließen, um möglichst viel Gewinn aus seinem Besuch zu ziehen.

- **Geöffnet:** Juni bis August 9-18 Uhr, November bis März nach Bedarf, restliche Zeit 10-17 Uhr.
- **Eintritt:** 4,34 €, Kinder von 6-18 Jahre 2,55 €, außerdem gibt's etliche Ermäßigungen.
- **Führungen** täglich um 10.30, 11.30, 13, 14, 15, 16 Uhr. Juni bis August auch Abendführungen um 19 Uhr (August 18.30 Uhr). An bestimmten Tagen finden astronomische Führungen statt, meist um 21.30 Uhr. Infos unter Tel. (04372) 10 02, Fax 14 45.

Wenkendorf

PLZ: 23769
Vorwahl: 04372
Einwohner: 51

Dieses kleine „Bauerndörfchen", das genau so von den eigenen Bewohnern genannt wird, liegt im Nordwesten der Insel. Und zwar in **völlig ruhiger ländlicher Umgebung,** denn die Fehmarner Hauptstraßen lassen Wenkendorf links liegen.

WENKENDORF

Früher gab es hier wohl wirklich nur eine Handvoll Bauernhöfe, heute sieht das Bild nur am südlichen Ortsrand etwas anders aus, dort entstand eine moderne **Ferienanlage**. Diese wirkt aber durchaus gefällig, ergänzt sich mit dem restlichen Dorf. Die **Bauernhöfe** wurden zumeist zu Ferienwohnungen umgebaut, aber der dörfliche Charakter blieb erhalten. Wenkendorf besteht im Kern nur aus einer Straße, zum Strand sind es zwei Kilometer.

Strandprofil

Nur zwei Kilometer sind es bis zum Strand, der beinahe ununterbrochen von Puttgarden bis zur äußersten Nordwestspitze verläuft. Die Merkmale sind beinahe überall gleich, nämlich eine **Breite** von etwa 10-20 m, nicht ganz frei von **Steinen** und von einem kleinen **Deich** begrenzt.

Hier, unweit von Wenkendorf, wächst ein kleines **Wäldchen,** das den Campingplätzen Schutz bietet, denn der Wind bläst meist ganz anständig. Kein Wunder, dass sich immer wieder **Surfer** dort versammeln, aber Anfänger sollten sich ein ruhigeres Revier an der geschützten Südküste suchen.

Praktische Tipps

Unterkunft
- **Ferienhof Wiepert-Haltermann,** Haus Nr. 17, Tel. 2 20, Fax 99 19 53. Sechs FeWos€-€€ und ein Ferienhaus€€€ für bis zu 7 Personen sind auf diesem umgebauten Hof zu finden.
- **Ferienhof Hinz,** Haus Nr. 13, Tel. 3 16, Fax 15 64. Vier FeWos€€€ für max. 8 Personen bietet *Christa Hinz* auf ihrem Hof an. Außerdem: ein 2000 qm großer Garten mit Grillplatz, Leihfahrräder und Brötchenservice.
- **Ferienhof Detlef**€€-€€€, Haus Nr. 36. Tel. 7 18, Fax 5 17. Sechs FeWos mit weitem Blick über die Felder.
- **SHB-Ferienpark**€€, liegt am Ortsrand, ist aber unübersehbar. 10 Häuser mit insgesamt 40 Wohneinheiten, die oberen mit Balkon, die unteren mit Terrasse, wurden in unterschiedlichsten Größen (3 bis 5 Zimmer) erbaut. Preis: etliche Aktionswochen mit Sparpaketen – nachfragen!

Infos über SHB, Bahnhofstr. 10, 23769 Petersdorf, Tel. (04372) 9 97 80, Fax 99 78 12.

WENKENDORF

- **Campingplatz Am Deich**€€€, Wenkendorf 13, Tel. 7 77 (im Sommer) oder 3 16, Fax 15 64. Geöffnet: 1.4.-5.10. Ein sehr ruhiger, aber auch kleiner Platz in einer Tannenschonung beim Strand mit 50 Plätzen.
- **Campingplatz Am Belt**€€, Altenteil 24, 23769 Westfehmarn, Tel. 3 91, Fax 16 91, geöffnet: 1.4.-30.9. Insgesamt 350 Stellplätze bietet dieser Platz, der langgestreckt hinter einer Tannenschonung liegt, vielleicht 50 m von der Ostsee entfernt. Wer möchte, kann sich einen Wohnwagen mieten, etwa 50 stehen zur Auswahl.

Hinweis: Die Zufahrt erfolgt über die ausgeschilderte Nachbargemeinde Altenteil.

Wenkendorfer Idylle

Westermarkelsdorf

PLZ: 23769
Vorwahl: 04372
Einwohner: 160

Abgelegener und ruhiger geht es kaum noch, im äußersten Nordwesten Fehmarns liegt dieses **adrette Dorf.** Wer hierher kommt, weiß warum. Durchgangsverkehr gibt es nicht. Die Bauernhöfe versammeln sich in etwa kreisförmig um den Ortskern, geben dem Bild eine symmetrische Komponente. Es ist kein Dorf, das ausgesprochen touristisch wirkt. Gleichwohl haben die Bewohner viel Liebe zum Detail aufgewandt, um das Gesamtbild positiv darzustellen, so dass viele hübsche Häuser auffallen.

Ruhig und beschaulich geht es zu, wer zum **Strand** will, muss nur 500 m zurücklegen. Dort weht allerdings zumeist ein starker Wind, der Surfer anzieht. Der Strand ist nicht übermäßig breit und auch nicht gänzlich frei von Steinen.

Praktische Tipps

Unterkunft

- **Ferienpark Rickert**€-€€€, Haus Nr. 10, Tel. 9 97 50, Fax 99 75 99. Eine ungewöhnliche Ferienanlage, bestehend aus sechs Holzhäusern, fast ein wenig dänisch wirkend. Die Häuser stehen auf einer Grünfläche mit einem großen Kinderspielplatz.
- **FeWo Hans-Jürgen Rahlf**€-€€€€, Haus Nr. 34, Tel. 2 83, Fax 15 62. Vier FeWos unterschiedlichster Größe in einem Neubau auf einem Hof mit Blick über die Felder.
- **FeWo Marion Schmidt**€€-€€€, Haus Nr. 23, Tel. 4 05, Fax 14 76. Drei FeWos auf einem Hof mit großem Garten.
- **Pension Seestern,** Haus Nr. 19, Tel. 9 92 20, Fax 99 22 14. Kleines Gasthaus mit Zimmer€€ und 9 Ferienwohnungen€-€€€ unterschiedlicher Größe, inkl. Sauna, Solarium, Schwimmbad und Liegewiese.
- **FeWo Voderberg**€-€€, Haus Nr. 1, Tel. und Fax 3 42. Vier FeWos auf einem Hof, der noch Tierzucht betreibt. Außerdem wird in einem eigenen Laden hausgemachte Wurst verkauft.
- **Rosenhof**€€-€€€€€, Haus Nr. 2, Tel. 80 66 88, Fax 80 66 89, www.rosenhof-fehmarn.de. Insgesamt 9 FeWos in einem 20.000 qm großen Garten. Im Angebot u.a. Sauna, Solarium, Grillabende, Fahrradverleih, Tennisplätze, Kreativkurse und jede Menge Vergnügungen für Kinder.

WESTERMARKELSDORF

- **Campingplatz Fehmarnbelt**€€€, Altenteil, Tel. 4 45, Fax 13 45. Geöffnet: 1.4.-4.10. Je 200 Dauer- und Touristenplätze weist dieser direkt am Strand gelegene Campingplatz auf. Der Platz liegt an der äußersten Nordwestspitze, wird vom Meer begrenzt, aber auch von einem Binnensee. Westermarkelsdorf liegt etwa 2 km entfernt, die Zufahrt erfolgt über Altenteil (ausgeschildert).

Essen & Trinken
- **Restaurant Altes Zollhaus,** Tel. 17 71. Bodenständige Küche, Haus mit Blick zum Deich.

Tennis
- **Tennis Center Vera Rahlf,** Tel. 3 82, Fax 7 71. Hier können „Profis" das Racket schwingen, aber auch Anfänger sich unterweisen lassen. Zudem werden Juxtourniere, Kinderturniere und die „Westermarkelsdorf Open" veranstaltet.

Strand bei Westermarkelsdorf

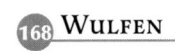

Wulfen

PLZ: 23769
Vorwahl: 04371
Einwohner: 162

Wulfen besteht aus vier Straßen und liegt im südöstlichen Bereich der Insel, einen knappen Kilometer vor einem Nehrungshaken mit langem **Sandstrand.** Dort liegt laut ADAC-Beurteilung auch einer der besten Zelt-Plätze Europas. Der Ort bietet einige nette Ferienwohnungen, ein Lokal und einen Supermarkt. Von Wulfen sind sowohl die Inselhauptstadt Burg als auch die Sandstrände schnell zu erreichen, und Radtouren in die Natur beginnen praktisch vor der Haustür.

Ganz in der Nähe (zu finden: Die Straße Bargmöhl am Golfplatz vorbei bis zum Parkplatz fahren) liegt ein Aussichtspunkt, der sich etwas aus der flachen Insellandschaft erhebt. Dieser wurde sogleich **Wulfener Höhe** getauft. Nun ja, ein paar Meter über Normalnull sind's schon ... Jedenfalls kann man von dort „oben" einen prima Rundblick genießen und auch die Fehmarnsundbrücke in voller Pracht bestaunen.

Praktische Tipps

Unterkunft
- **FeWos in der Straße Bargmöhl**€€€, dort liegen über 20 neuere Häuser, bestens eingerichtet, im Reihenhausstil erbaut, mit Carport und weitem Blick über die Felder. Verschiedene Anbieter, siehe Unterkunftsverzeichnis, oder sich direkt an die Vermietungsgemeinschaft wenden: *A. Kalender,* Zur Halfenwiese 8, 51503 Rösrath, Tel. und Fax (02205) 52 90.
- **Ferienhof Wellendorf,** In de Wisch 3, Tel. 54 02, Fax 63 48. Vier FeWos in hellem, neuem Haus mit großem Garten.
- **Ferienhof Muhl**€€, Dörpstraat 11, Tel. 8 70 00, Fax 8 71 00. Vier FeWos im Holzblockhaus oder im Bauernhaus nahe dem Golfplatz mit einer großzügigen Gartenanlage.
- **Campingplatz Wulfener Hals**€€€€, ganzjährig geöffnet, Tel. 8 62 80, Fax 37 23, www.wulfenerhals.de. Einer der größten und bestens organisierten Zeltplätze, direkt am Sandstrand gelegen, mit breitem Unterhaltungsprogramm.

Berge und ihre Attraktionen

Wie bitte? Von „Bergen" soll hier die Rede sein? Ein bisschen gewagt, wie? In Schleswig-Holstein ist doch die höchste Erhebung eine Kuh, oder nicht? Ja ja, alles klar – und auf Fehmarn gar sind etliche Gebäude höher als die einzigen Hügel, die diese Bezeichnung auch nur ansatzweise verdienen: die **Wulfener Höhe**, stolze 20 m „hoch".

Aber gemach, gar nicht so weit entfernt von Fehmarn erhebt sich Schleswig-Holsteins höchster Berg. **Bungsberg** heißt er und erreicht eine Höhe von, nun ja, bitte jetzt nicht lachen, eine Höhe von 168 m! Tusch! Das an sich wäre nur eine statistische Randnotiz wert, aber der Clou kommt jetzt: Am Bungsberg befindet sich ein **Skilift** – jawoll doch! Schleswig-Holsteins einziger Skilift funktioniert tadellos. Sobald es, was ja selten genug vorkommt, in Ostholstein schneit, dann fahren begeisterte Abfahrtsläufer zum Bungsberg. Die Abfahrt ist – ruck-zuck – in weniger als 30 Sekunden zu Ende, aber das beeinträchtigt überhaupt nicht den Spaß. Rauf geht es in gemütlichen drei Minuten per Skilift, und erneut stürzen sich die Wagemutigen auf die Piste. Ein kleiner Kiosk verkauft oben beim Gipfel Glühwein, und jedermann ist sich des ganz besonderen Reizes bewusst. Skilaufen in Schleswig-Holstein, es geht also doch!

Zu erreichen: Von Fehmarn über die Autobahn Richtung Lübeck fahren bis zur Ausfahrt Neustadt-Nord und dann weiter in Richtung Schönwalde am Bungsberg. Ausgeschildert wird schließlich „Bungsberg" bzw. „Waldgaststätte".

WULFEN

Dazu zählen ein Golfplatz, eine Surfschule mit Testzentrum, Live Shows auf einer eigenen Bühne und vereinzelt Live-Musik, Kinderanimation, Sauna, Bodybuilding, Wohnwagen zum Mieten, eigene Apartments und sogar ein zeltplatzeigener Video. Allein der Prospekt hat stolze 60 Seiten. Diverse Spar- und Komplett-Preis-Pakete.

Tauchen   ● **Tauchbasis Calypso,** auf dem Campingplatz Wulfener Hals zu finden, Tel. (04371) 63 14, bietet eine breite Auswahl an Equipment und alle PADI-Kurse an.

Golf   ● **Golf-Club Fehmarn,** liegt auf den Wulfener Bergen. Score misst 5878 m, hat 9 Löcher, und die Vorgabe beträgt Par 74. Geschult werden sowohl Anfänger als auch Fortgeschrittene. Infos: Tel. (04371) 54 12 oder im Sekretariat, Tel. 69 69.

Golfplatz bei Wulfen

Orte auf Fehmarn

AUSFLÜGE

Ausflüge

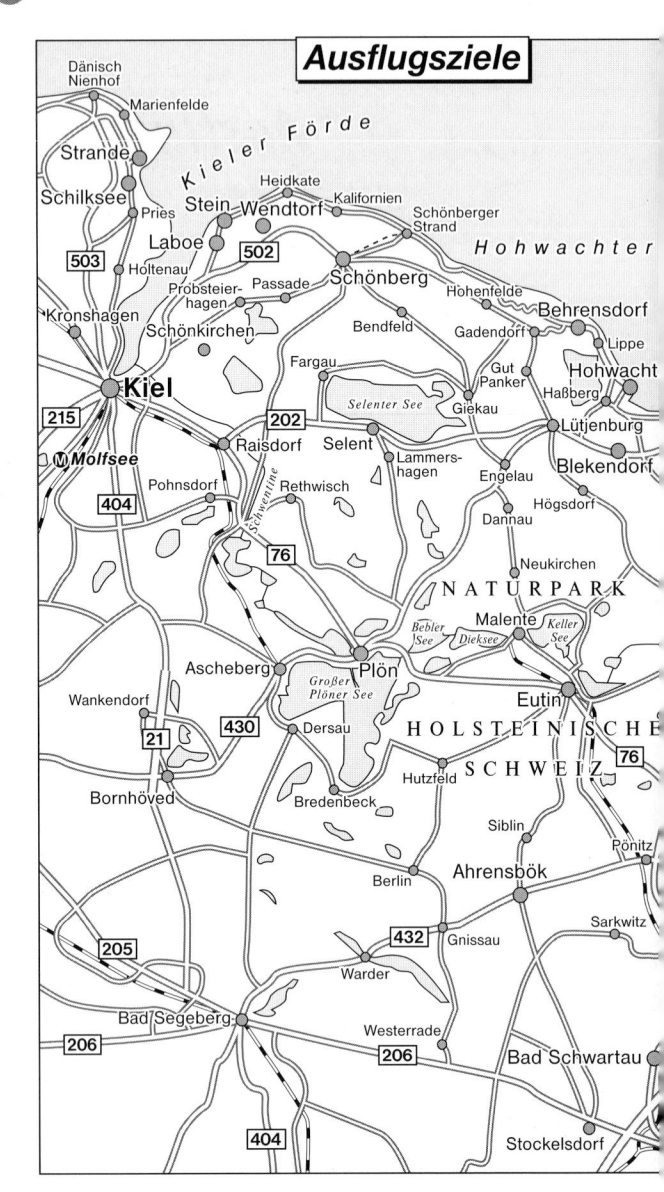

AUSFLÜGE

Ausflugsziele

AUSFLÜGE

Fehmarn bietet genügend Zerstreuung, keine Frage, aber das Festland ist nah, und in Ostholstein lassen sich auch einige nette Orte entdecken. Einfach über die Fehmarnsundbrücke rüber, und schon erschließt sich die gesamte Ostseeküste Schleswig-Holsteins. Aber auch ein Ausflug zum dänischen Nachbarn lohnt sich.

Hier ein paar Tipps:

Schiffstouren

Nachdem die EU die dutyfree-Regelung abgeschafft hat, stellten die Reedereien diese beliebten Kurztrips ein. Von Fehmarn aus kann man heute entweder mit der regulären Fähre von Puttgarden nach Dänemark fahren oder aber von Burgstaken zu einer zweistündigen Fahrt auf einem Kutter aufbrechen. Genauere Infos siehe unter Burg.

Einen „richtigen" Ausflug auf die **dänische Insel Lolland** kann man auch ganz problemlos unternehmen, vom Fährhafen Puttgarden pendeln beinahe halbstündlich die Fähren der Scandlines. Preise und Info-Adresse der Scandlines siehe Puttgarden.

Der **Safaripark Knuthenborg** liegt in Bandholm und hat vom 25.4. bis 18.10. täglich von 9.00 bis 17.00 Uhr geöffnet. Die Ausfahrt des Parks schließt jedoch erst um 20 Uhr. Es kann ein kombiniertes Ticket für die Fährverbindung und den Eintritt erworben werden. Die Besucher fahren mit ihrem Wagen durch diesen riesigen Zoo, erleben einige der 800 Tiere der afrikanischen Steppe hautnah. Darüber hinaus: sibirische Tiger, ein Vogelparadies, ein Affenwald, aber auch zahme Streicheltiere und die Möglichkeit zum Ponyreiten.

●**Anfahrt** zum Safaripark Knuthenborg: vom Fähranleger über die E 47 etwa 17 km bis zur Abfahrt Nr. 47 oder 48 (Maribor) fahren, von dort bleiben noch 5 km, die ausgeschildert sind.

Busausflüge

Wer will, kann auch per Bus zu einigen Orten fahren.

●Die Busgesellschaft **Autokraft** fährt zu einigen reizvollen Städten, jeweils inklusive einer Stadtrundfahrt und Zeit zum individuellen Bummeln. Im Angebot:
   Kopenhagen (Mi): 30,10 €.
   Kiel und Laboe (Fr): 15,30 €.
   Hamburg (So): 17,90 €.
Infos und genaue Abfahrtzeiten unter Tel. (04362) 90 50 01.
●Es gibt sogar ein Angebot für einen **Tagesausflug** nach **Helgoland!** Der Bus startet um 5.00 Uhr, fährt rüber zur Nordsee nach Büsum, von wo das Schiff ablegt. Infos über die Touristeninformation.

Sonnenuntergang vor Windrad

Holsteinische Schweiz

Mitten in Ostholstein liegt ein landschaftliches Kleinod, die Holsteinische Schweiz. Ein **sanftes Hügelland** mit bezaubernden kleinen Orten und einer Vielzahl von Seen.

Ein ganz besonderes Erlebnis ist es, die Schönheiten von Bord eines Ausflugsdampfers aus zu betrachten. Beispielsweise bei einer **Rundfahrt über den Großen Plöner See,** den größten See in Schleswig-Holstein. Vom malerischen Ort Plön legt das Schiff zwischen 10 und 17 Uhr stündlich ab, besucht mehrere idyllische kleine Dörfer (Bosau, Dersau, Ascheberg) und kehrt nach 2 Stunden zurück. Tickets gibt's nur an Bord, Infos über Tel. (04522) 67 66. Fahrpreise: Erwachsene und Kinder (ab 12 Jahre) 7,10 €, Kinder (4–11 Jahre) 3,60 €, Familienkarte (Eltern nebst Kindern unter 16 Jahren) 15,30 €.

Die **5-Seen-Fahrt,** ein uralter Klassiker, wird ebenfalls von Plön aus angeboten. Die Schiffe befahren den Dieksee, Langensee, Behlersee, Höftsee und Edebergsee, alle miteinander durch schmale Zuflüsse verbunden. Stopps werden u.a. in Malente-Gremsmühlen, Plön-Fegetasche und Timmdorf eingelegt. Die 5-Seen-Tour dauert knapp zwei Stunden und hat ähnliche Tarife wie die Tour über den Plöner See. Gefahren wird von Mitte April bis Mitte Oktober jeden Tag zwischen 10 und 18 Uhr stündlich. Infos: Tel. (04523) 22 01.

●**Anfahrt** nach Plön: Nach dem Passieren der Fehmarnsundbrücke auf der B 207 zunächst bis Oldenburg fahren. Dort dann nicht auf der Autobahn weiter, sondern rechts ab und über die B 202 nach Lütjenburg. Danach über die B 430 direkt nach Plön fahren. Gesamtstrecke: ca. 60 km.

Große Plöner-See-Rundfahrt

Sea Life Center in Timmendorf

Im Dezember 1996 wurde das Sea Life Center eröffnet, eine der spektakulärsten Sehenswürdigkeiten der ganzen Ostseeküste. In einem Gebäude in Form einer blau gestrichenen Welle stellen die Betreiber die heimischen Fische aus Nord- und Ostsee, aber auch aus Süßwasserseen in insgesamt **30 verschiedenen Aquarien** in ihrer jeweiligen Lebensumwelt, ihrer ureigenen Gewässerzone, vor. Insgesamt 1700 Fische tummeln sich in den Aquarien, die die Bedingungen z.B. des Fehmarnsunds, der Atlantiktiefen aber auch eines rauschenden Wasserfalls nachahmen. Alles wurde naturgetreu nachgebildet, selbst eine Fjordlandschaft und der benachbarte Niendorfer Hafen sind zu finden bis hin zu einem bewölkten Himmel. Von der Quelle bis zum Meer führt der Rundgang. Den Besuchern wird die Möglichkeit gegeben, sich den Fischen weitestgehend zu nähern, überall sind Vergrößerungsfenster und Panorama-Glaskuppeln eingebaut.

Die größte Attraktion ist zweifelsohne ein acht Meter langer **Unterwasser-Tunnel,** der die Menschen direkt durch ein Aquarium auf dem Meeresboden gehen lässt, über den Menschen schwimmen die Haie und glotzen genauso neugierig zurück. Sogar eine Möglichkeit zum Streicheln bestimmter Fische ist vorgesehen.

● **Geöffnet:** täglich 10-18 Uhr. Eintritt: 18,20 € für Erwachsene, Kinder unter 9 Jahre zahlen 4,60 €, Senioren und Studenten 6,90 €. Familien erhalten Ermäßigung. Tel. (04503) 35 88 88, www.sealife.de.

● **Anfahrt:** Timmendorf wird ganz einfach erreicht, indem man die Autobahn A 1 Richtung Lübeck/Hamburg bis zur Abfahrt Pansdorf befährt, von dort sind es nur noch 3 km. Gesamtstrecke ab Fehmarn: 65 km.

Lübeck

„Lübeck ist die an Baudenkmälern reichste Großstadt Deutschlands", wird in einem Lübecker Prospekt für Touristen behauptet. Zumindest in Schleswig-Holstein dürfte Lübeck mit seiner wunderschönen Altstadt unangefochten die **touristische Nummer Eins** darstellen. Das hat schließlich auch die UNESCO erkannt; die Altstadt wurde 1987 in die **UNESCO-Liste des „Weltkulturerbes der Menschheit"** aufgenommen.

LÜBECK

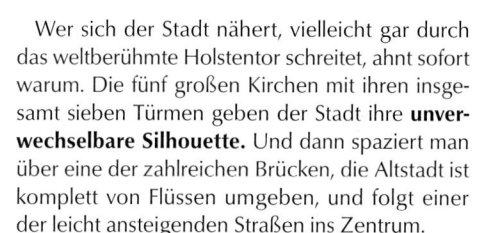

Wer sich der Stadt nähert, vielleicht gar durch das weltberühmte Holstentor schreitet, ahnt sofort warum. Die fünf großen Kirchen mit ihren insgesamt sieben Türmen geben der Stadt ihre **unverwechselbare Silhouette.** Und dann spaziert man über eine der zahlreichen Brücken, die Altstadt ist komplett von Flüssen umgeben, und folgt einer der leicht ansteigenden Straßen ins Zentrum.

Wohin soll man sich zuerst wenden? Es ist eigentlich egal, denn die Wege sind kurz, und es gibt in fast jeder Straße etwas zu entdecken. Also, einfach drauf los spazieren, die Lübecker **Altstadt ist ein Gesamtkunstwerk,** und allzu groß ist sie auch nicht. Vom Holstentor bis zur gegenüberliegenden Rehderbrücke, über die man die Altstadt wieder verlassen würde, sind es gerade mal 1000 Meter, etwa doppelt so lang wäre der Weg von der Burgtorbrücke bis zum Dom.

Auffällig sind die schlanken, hohen **alten Kaufmannshäuser.** Meist sind sie drei, vier Stockwerke hoch und verjüngen sich im oberen Teil. Dominierend sind hier die Stufengiebel, so dass in der oberen Etage meist nur ein Fenster angebracht werden konnte. Die alten Kaufmannshäuser haben oben, knapp unter dem Dach, meist eine Winde oder einen handbetriebenen kleinen Kran. Damit wurden die gehandelten Waren hochgezogen und, sicher vor der Flut, im Speicher im zweiten Stock gelagert. Andere Waren kamen in den Keller. Die Luken, durch die diese Waren rutschten, sind noch heute auf Straßenniveau zu erkennen. Der Eingang zum Haus lag meist eine halbe Etage über dem Bürgersteig – auch dies eine Sicherung gegen mögliche Überschwemmungen.

Sehenswertes

Bauweise der Häuser

Noch einmal sei es wiederholt, die Altstadt ist ein Gesamtkunstwerk, zielloses Bummeln und zufälliges „Draufstoßen" auf eins der herausragenden

182 LÜBECK

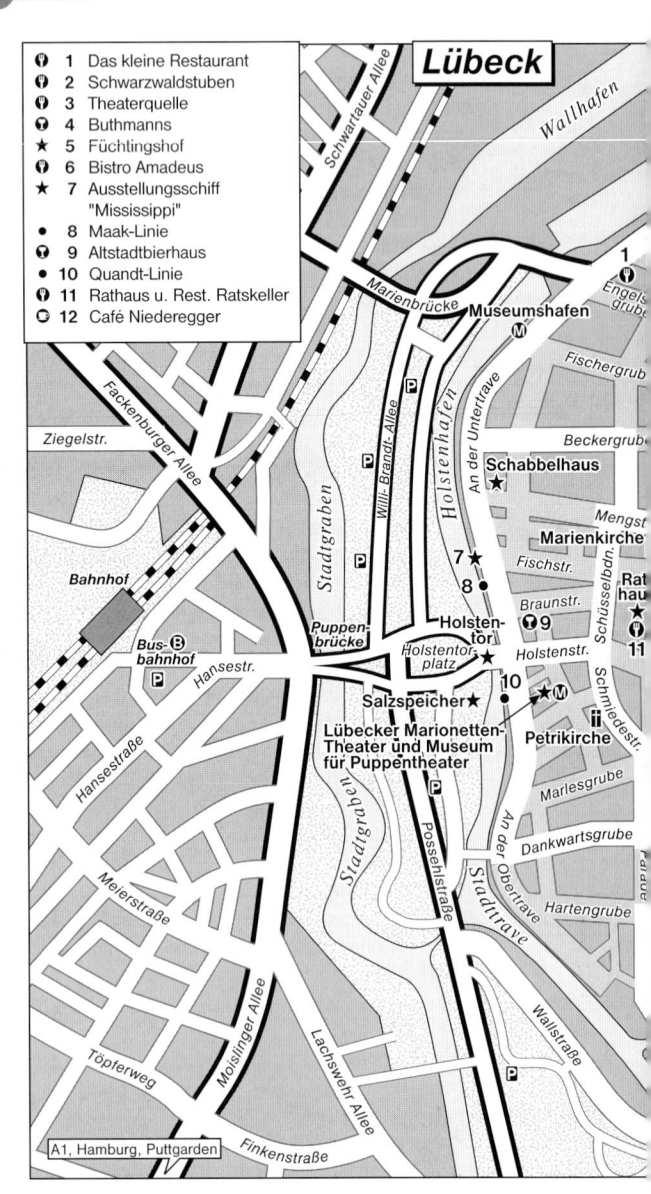

- 🍴 1 Das kleine Restaurant
- 🍴 2 Schwarzwaldstuben
- 🍴 3 Theaterquelle
- 🍴 4 Buthmanns
- ★ 5 Füchtlingshof
- 🍴 6 Bistro Amadeus
- ★ 7 Ausstellungsschiff "Mississippi"
- • 8 Maak-Linie
- 🍴 9 Altstadtbierhaus
- • 10 Quandt-Linie
- 🍴 11 Rathaus u. Rest. Ratskeller
- ☕ 12 Café Niederegger

LÜBECK 183

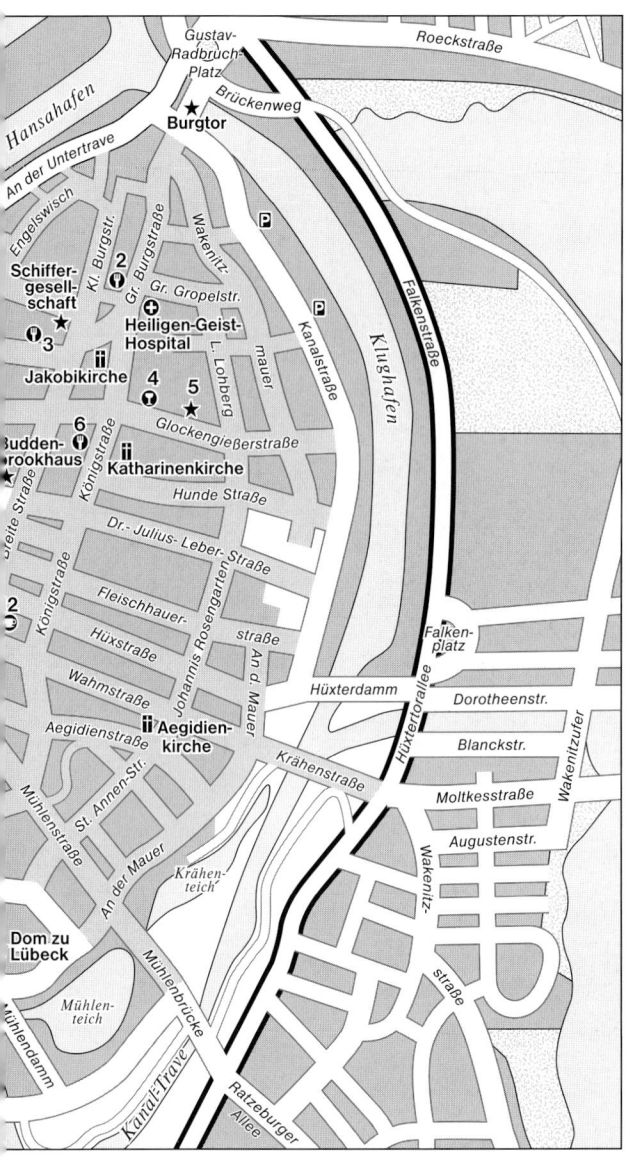

Bauwerke ist hier wie wohl nirgends sonst anzuraten. Es gibt an die **1000 historische Bauwerke,** absolut unmöglich, sie an dieser Stelle auch nur halbwegs ausführlich zu beschreiben. Die Bebauung erfolgte nach einheitlichem Muster, noch

Haus der Schiffergesellschaft

heute in jeder Straße wiederzuerkennen. Die Häuser sind relativ schmal, aber hochaufragend, und meist aus rotem Backstein gebaut. Die Giebel verjüngen sich, allerdings auf unterschiedlichste Weise. Neben den Stufengiebeln finden sich Rundgiebel oder auch Spitzgiebel. Hinter der Häuserfassade versteckt sich aber oftmals ein viel kleineres Haus, der breite Giebel lässt es viel größer erscheinen, als es tatsächlich ist. Vereinzelt hat das Haus nicht mal so viele Stockwerke, wie die Fassade andeutet. Außerdem erstrecken sich noch heute oftmals langgestreckte Innenhöfe und Wohngänge, die teilweise auch noch bewohnt werden.

Holsten-Tor

Das **Wahrzeichen der Stadt** ist natürlich das Holstentor, jahrzehntelang uns allen vom Fünfzigmarkschein, dem „Lübecker", bekannt. Gar nicht so wuchtig, wie man meinen könnte, steht dieses ehemalige Stadttor am Ende einer etwa 100 m langen Grünanlage. Fast schon obligatorisch, das Foto vom gegenüberliegenden Ende zu schießen. So selbstverständlich ist dies für wohl alle Touristen, dass einer der beiden Löwen, die hier „Wache" halten, sich bereits gelangweilt zum Schlafen gelegt hat. 1464-1478 wurde das Holstentor erbaut. Es ist von zwei dreistöckigen Türmen mit spitzem Dach eingerahmt, der Mittelbau begrüßt den Besucher mit goldenen Lettern und der Inschrift Concordia Domi Foris Pax (drinnen Eintracht, draußen Frieden). Die Mauern des Holstentores sind bis zu 3,50 m dick, und einst fanden 30 Geschütze hier Platz.

Das Holstentor beherbergt auch ein Museum, das **Holstentormuseum** oder auch stadtgeschichtliche Museum. Hier sind vor allem Erinnerungsstücke aus der Zeit der Hanse zu besichtigen, so historische Schiffsmodelle, Waffen, aber auch Modelle der Stadt. So wird durch verschiedene Modelltypen die Entwicklung der Stadt dokumentiert. Etwas gruselig geht es in der Folterabteilung zu, wo das Richtschwert des Lübecker Scharfrichters genauso zu finden ist wie die „Eiserne Jungfrau".

LÜBECK

Salzspeicher

Gleich neben dem Holstentor ist der alte Salzspeicher zu finden, er liegt direkt an der Trave. Das in Lüneburg gewonnene Salz wurde hier gelagert, nachdem es über die noch heute so benannte **"Salzstraße"** in die Hansestadt geliefert worden war. Das Salz war in früheren Jahren eines der wertvollsten Handelsgüter und wurde von Lübeck hauptsächlich nach Skandinavien geliefert.

Schiffsrundfahrten

Nach dem Durchqueren des Holstentores passiert man die Trave und hält sich ein kurzes Stück nach links. Dort liegen die Schiffe der **"blauen Linie"**, der Maak-Linie. Die **"weiße Flotte"** der Quandt-Linie ist übrigens gegenüber vom Salzspeicher zu

Holstentor

Oldtimerhafen

finden, also nach dem Passieren des Holstentors nach rechts halten. Beide bieten etwa einstündige Stadtkanal- und Hafenrundfahrten an. So kann man die Schönheiten der Stadt von einer ganz neuen Seite erleben, zumal der Kapitän die Mitfahrer mit einer wahren Flut von Döntjes (halbwahre, halbübertriebene bis gelogene Geschichten) und Fakten zuschüttet.

Richtung Zentrum Von der Untertrave geht es durch irgendeine der leicht ansteigenden Straßen dann in Richtung Zentrum. Wenn vom Zentrum gesprochen wird, ist der **Kern der Altstadt** mit Rathaus, dem dazugehörigen Platz und die sich direkt anschließende Marienkirche, das Buddenbrookhaus und das Café Niederegger gemeint. Doch der Reihe nach.

Rathaus Das Rathaus stammt teilweise noch aus dem 13. Jahrhundert und erfuhr seitdem eine Reihe von Veränderungen. Unverändert ist die **Außenfassade** mit den schönen Wappenbildern und den Türmen mit den vergoldeten Spitzen und den „Windlöchern", diese sind vom Innenhof aus zu erkennen.

LÜBECK

Marien-Kirche

Direkt neben dem Rathaus liegt die Marienkirche, **erbaut** zwischen 1250 und 1350 im gotischen Stil. Die **Türme** sind stolze 125 m hoch. Allein drei kleine nette Geschichtchen oder Legenden ranken sich um diese Kirche, alle drei sind „überprüfbar".

So erzählt eine **Geschichte vom wütenden Teufel.** Dieser wurde von den Lübeckern hintergangen, hatte er ihnen doch wochenlang beim Bau eines großen Hauses geholfen. Eine Kneipe sollte entstehen, so hatte man ihm vorgeflunkert. Kurz vor Fertigstellung erkennt er dann seinen Irrtum, er hatte den Lübeckern beim Bau einer Kirche geholfen – und das er, der Teufel! Er wurde so wütend, dass er sich einen riesigen Stein schnappte, um die Kirche zu zertrümmern. Aber glücklicherweise verfehlte er das Gebäude, der Stein blieb liegen, bis heute. Der etwa vier Meter lange Stein liegt noch immer rechts vom Eingang.

Links vom Eingang, etwa in fünf Meter Höhe hockt das **steinerne Männchen.** Vor langer, langer Zeit weigerte sich ein Lübecker Kaufmann zu sterben, er konnte den Tod überreden, ihn nicht zu holen. Mit der Zeit starben aber alle Freunde und Verwandten, es wurde einsam um den alten Mann.

LÜBECK

Steinernes Männchen

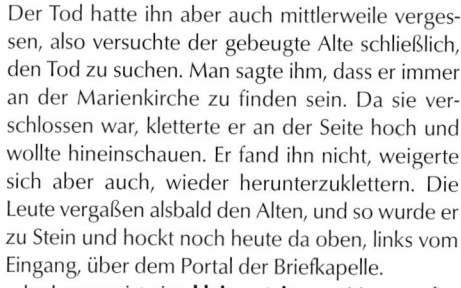

Der Tod hatte ihn aber auch mittlerweile vergessen, also versuchte der gebeugte Alte schließlich, den Tod zu suchen. Man sagte ihm, dass er immer an der Marienkirche zu finden sein. Da sie verschlossen war, kletterte er an der Seite hoch und wollte hineinschauen. Er fand ihn nicht, weigerte sich aber auch, wieder herunterzuklettern. Die Leute vergaßen alsbald den Alten, und so wurde er zu Stein und hockt noch heute da oben, links vom Eingang, über dem Portal der Briefkapelle.

Im Inneren ist eine **kleine steinerne Maus** zu finden, die von allen Besuchern einmal gestreichelt werden soll. Kein Mensch soll die Stadt verlassen, ohne das Mäuslein gestreichelt zu haben, denn das soll Glück bringen. Die kleine Maus brachte zunächst nämlich großes Unglück über die Stadt. Die Sage erzählt, dass neben der Marienkirche einst ein Rosenstock wuchs und dass die Stadt frei bleiben würde, solange dieser Rosenstock blühe. Und dann kam die Maus und knabberte die Wurzeln an! Es kam wie es kommen musste: Die Stadt wurde von Feinden eingenommen, die Lübecker verloren ihre Freiheit. Als sie diese später wiedererlangten, ließ die Stadtversammlung die Maus in Stein meißeln. Sie ist heute in der Marienkirche zu finden, links vom Bildnis des Abendmahls. Und nicht vergessen, einmal streicheln ist Pflicht!

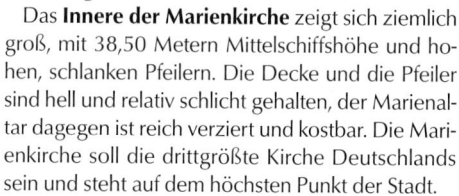

Steinerne Maus

Das **Innere der Marienkirche** zeigt sich ziemlich groß, mit 38,50 Metern Mittelschiffshöhe und hohen, schlanken Pfeilern. Die Decke und die Pfeiler sind hell und relativ schlicht gehalten, der Marienaltar dagegen ist reich verziert und kostbar. Die Marienkirche soll die drittgrößte Kirche Deutschlands sein und steht auf dem höchsten Punkt der Stadt.

Bemerkenswert ist noch, dass in der Bombennacht 1942 **Teile der Kirche zerstört** wurden. So

Marienkirche mit steinernem Männchen

stürzten die Glocken auf den Boden, und unter dem zentnerschweren Gewicht zerbarsten Glocken und Fußboden. Immerhin wogen die Glocken 40 bzw. 144 Zentner! Die Reste sind noch heute zu besichtigen.

Interessant ist auch die **astronomische Uhr,** die in einem Seitenflügel untergebracht ist, und mit einer verblüffenden Exaktheit das Datum und die Uhrzeit etwas verklausuliert angibt. Diese Uhr war ein absolutes Meisterwerk, ja, einige Fachleute sprechen sogar von einem Weltwunder. Fertiggestellt wurde sie 1566, nachdem ein Uhrmachermeister jahrelang daran gearbeitet hatte. 376 Jahre funktionierte sie tadellos, dann fiel sie den Bomben des Zweiten Weltkrieges zum Opfer. Ein anderer Meister, der Lübecker Uhrmacher Paul Behrend, arbeitete ebenfalls jahrelang an der **Neugestaltung**

Im Innern der Marienkirche

Die astronomische Uhr der Marienkirche

der Uhr, ohne festen Auftrag, nur durch Spendengelder der Lübecker unterstützt. Die neue Uhr ist der alten komplett nachempfunden worden, die Kalenderscheibe kann bis ins Jahr 2080 zählen.

Das Kalendersystem der Uhr besteht aus zwei Kreisen. Der innere Kreis zählt die Jahreszahlen von 1911 bis 2080 mit den jeweiligen Ostersonntagen, weiterhin ist bei jeder Zahl ein roter Buchstabe zu finden, der so genannte Sonntagsbuchstabe. Der äußere Kreis zeigt neben den 365 Tagen in roten Buchstaben die Wochentage, A B C D E F G, die Buchstaben wiederholen sich laufend. Ein Sonntag ist durch die roten Buchstaben neben den Jahreszahlen ersichtlich. Beispielsweise ist neben 1964 ein rotes E zu finden, dies zeigt, dass im Jahr 1964 alle mit einem roten E bezeichneten Tage des äußeren Kreises Sonntage sind. Folglich wäre F ein Montag, G ein Dienstag usw.

Wie liest man nun die Uhr? Wer beispielsweise wissen will, auf welchen Wochentag der 24. 12. 1966 fiel, schaut zunächst auf die Jahreszahl 1966. Dort stehen die roten Buchstaben, die den Sonntag markieren, B und C. (Wenn zwei rote Buchstaben zu finden sind, gilt der erste für die Monate Januar, Februar, der andere für die restlichen.) Für unsere Frage gilt also Buchstabe C. Neben dem 24. Dezember auf der Skala des äußeren Kreises steht ein rotes B. Da nun der Buchstabe C einen Sonntag anzeigt, muss B ein Samstag sein. Der 24. 12. 1966 war also ein Sonntag.

Buddenbrookhaus

Das Buddenbrookhaus liegt in der Mengstraße 4 und ist den weltberühmten **Schriftsteller-Brüdern Thomas und Heinrich Mann** gewidmet. Gewohnt haben die Literaten hier nie, obwohl das Haus bis 1914 im Besitz der Familie *Mann* war. Nur der Vater und die Großeltern lebten hier. Die Stadt kaufte 1992 das Haus und richtete dann ein Ausstellungs-, Veranstaltungs- und Forschungszentrum ein. Geöffnet: täglich 10.00-17.00 Uhr. Eintritt: 4,08 €

Schabbelhaus

In der Mengstraße 48, also an der Untertrave gelegen, ist das Schabbelhaus zu finden, das ein typisches Beispiel für die Lübecker Kaufmannshäuser ist. Heute befindet sich hier ein Restaurant.

Portal über der Schiffergesellschaft

LÜBECK

Haus der Schiffergesellschaft

Das Haus der Schiffergesellschaft, Breite Straße 2, ist ebenfalls heute eine vielgepriesene Gaststätte, früher war es das **Versammlungshaus der Schiffer** und Bootsleute. 1535 wurde das Haus erbaut, das Portal 1768 neu gestaltet. Im Hauptraum, der Diele, wie sie auch heute noch heißt, stößt man auf die „Gelage", die rustikalen Sitzgelegenheiten. Aus dicken Eichenplanken sind die durchgehenden Tische und Bänke gezimmert. Dort saßen die Schiffer nach bestimmten Gruppen unterteilt. An der Rückwand befindet sich leicht erhöht ein besonderes **„Gelag",** hier saßen die „Älterleute", ältere und erfahrene Seemänner. Sie beobachteten das Treiben, und durch ihre Altersautorität konnten sie so manchen Streit schlichten, behauptet die Chronik. Alte Wappen der Seefahrer, unzählige Erinnerungs-

Jakobi-Kirche

Die Jakobikirche in der Breiten Straße gilt auch als die Kirche der Seefahrer, sie stammt ebenso wie die Marienkirche aus dem 13. Jahrhundert. Der Turm misst 112 m. Die **Ausstattung** konnte den Krieg unbeschädigt überstehen, besonders beeindruckend sind Altar und Orgel. Hier liegt auch das Rettungsboot des 1957 gesunkenen Segelschulschiffes „Pamir". Nur sechs Mann konnten sich damals retten. Eine Gedenktafel erinnert außerdem an alle gesunkenen Lübecker Schiffe. Geöffnet: Di-So 10-17 Uhr.

Heiligen-Geist-Hospital

Das Heiligen-Geist-Hospital, Große Burgstraße, wurde bereits 1276-1286 erbaut. Es ist das älteste erhaltene deutsche **Hospital.** Von außen fällt die markante Fassade mit drei Giebeln und fünf Türmen auf, im Inneren findet man zunächst sehr hübsche Wand- und Glasmalereien.

Das Hospital wurde um 1517 zum **Altenheim** umfunktioniert, bis 1970 lebten hier noch alte Menschen. Einen flüchtigen Eindruck kann man gewinnen, wenn man in das so genannte „lange Haus" eintritt. Dort liegen die kleinen, engen Kammern, aufgereiht wie in einer tiefen, langen Halle, in denen die Alten lebten. Es sind kleine Räume von 2 x 2 m mit einem Bett, einem Schrank, Tisch, Stuhl, und nichts weiter, 170 alte Menschen fanden hier Platz. Das Gebäude gilt als eine der ältesten Sozialeinrichtungen Europas und ist heute ein **Museum.** Geöffnet: Di-So 10-16 Uhr (Winter), 10-17 Uhr (Sommer).

Café Niederegger

Das Café Niederegger, zu finden in der Breiten Straße 83, gegenüber dem Rathaus, ist weit mehr als ein Kaffeehaus, es ist **Synonym für Lübecker Marzipan**. Im Niederegger wird das gleichnamige Produkt angeboten, man kommt aus dem Staunen kaum noch heraus, in welchen phantasievollen Formen Marzipan hergestellt werden kann, beispielsweise als Obst, Aale, Zigarren, Flaschen usw. Im an-

Burgtor — Das Burgtor, am Beginn der Großen Burgstraße, war das **nördliche Stadttor.** Auf beiden Seiten sind noch Teile der alten Stadtbefestigung von 1230 zu finden. Dieses Tor schützte einst Lübecks einzigen Stadtzugang.

Katharinenkirche — Die Katharinenkirche, Ecke Königstraße/ Glockengießerstraße, wurde Ende des 13. Jahrhunderts errichtet. Die Kirche erlebte eine wechselvolle **Geschichte.** Das angeschlossene Langhaus war Kloster, Lateinschule, später Realschule, Lazarett und sogar Sammelstelle für Lübecker Kunstaltertümer. **Heute** dient sie als Ausstellungsraum. Interessant ist noch die Westfassade, wo Terrakottafiguren von *Ernst Barlach* zu finden sind.

Glockengießerstraße — Die Glockengießerstraße beherbergt bestens erhaltene **mittelalterliche Innenhöfe** und Gänge. Diese sind hervorragend restauriert worden und noch heute bewohnt. Ein besonders gelungenes Beispiel ist der Füchtingshof aus dem Jahr 1639. *Johann Füchting* stiftete einen Teil seines Vermögens für die Armen, und so entstand diese Wohnanlage. Bei den anderen Innenhöfen erklärt meist eine Wandtafel die historischen Hintergründe.

Aegidienkirche — Die **Aegidienkirche,** in der gleichnamigen Straße, dürfte zu Beginn des 14. Jahrhunderts gebaut worden sein, ganz genau festlegen kann sich nicht mal die Stadtchronik. Der Turm hat eine Höhe von 77 m. In der Aegidienstraße Nummer 46 befindet sich noch ein gutes Beispiel für die damaligen engen Wohngänge.

Dom — Der Dom zu Lübeck wurde 1173 von *Heinrich dem Löwen* in Auftrag gegeben, 1247 wurde er geweiht. Der aus rotem Backstein gebaute Dom hat zwei wuchtige, 115 m hohe Türme, das **Ge-**

bäude ist 132 m lang. Ursprünglich ein romanischer Bau, wurde das Gotteshaus im 13. Jahrhundert zu einer gotischen Hallenkirche umgestaltet. In der Bombennacht von 1942 wurde der Dom schwer beschädigt, erst 1960 wurde mit dem Wiederaufbau begonnen. Zahlreiche **Kunstwerke** sind zu besichtigen, als das wertvollste gilt das 17 m hohe Triumphkreuz von *Bernt Notke* (1477).

Museum für Puppentheater

Das Museum für Puppentheater befindet sich in der Kleinen Petersgrube 4-6. Etwa 1200 Theaterpuppen aus Europa, Afrika und Asien werden hier gezeigt, damit gilt es als das **größte seiner Art in Europa.** Handpuppen, Marionetten, Stabpuppen, Schattenfiguren sind ebenso ausgestellt wie afrikanische Masken oder asiatische Musikinstrumente. Weiterhin sind Plakate, ganze Puppenbühnen und reichlich Requisiten zu bestaunen.

Die Sammlung zählt an die 10.000 Objekte und ist damit so umfangreich, dass die Exponate ständig ausgetauscht werden.

Marionettentheater Gleich nebenan lädt das Lübecker Marionettentheater ein; hier werden täglich (außer Mo) zwei Vorstellungen gegeben (15 und 19 Uhr). Da das Theater nur 100 Plätze hat, ist eine Voranmeldung ratsam, Tel. (0451) 7 00 60.

Puppenbrücke Und wer nun erschöpft nach soviel Kunst und Kultur erneut durch das Holstentor schreitet und die Stadt verlässt, sollte einmal beim Passieren der letzten Brücke auf die Figuren achten. Diese Brücke wird Puppenbrücke genannt, und sieben **Sandsteinfiguren** aus dem Jahr 1778 zieren sie. Die erste, auf der rechten Seite, steht doch glatt splitterfasernackt da, es ist Merkur, der Gott der Kaufleute (und Diebe). Er richtet seinen Achtersteven, sein blankes Hinterteil, Richtung Wasser, also dahin, wo die Schiffer mit ihren Waren vorbeikamen, ein letzter zweifelhafter Gruß.

Figur auf der Puppenbrücke

●**Anfahrt:** Lübeck erreicht der **Autofahrer** über die Autobahn A 1 nach knapp 60 Autobahnkilometern. Die Abfahrt Nr. 22 (Lübeck Zentrum) weist den Weg, es geht über die B 206 direkt zur Altstadt. Da der Altstadtkern weitgehend verkehrsberuhigt wurde, sollte einer der 24 Parkplätze rund ums Zentrum genutzt werden. Gute Parkmöglichkeiten für den Fehmarn-Urlauber liegen beim Bahnhof und bei der Trave, unweit vom Holstentor.

Lübeck kann auch sehr gut per **Bahn** von Puttgarden aus erreicht werden. Der Lübecker Bahnhof liegt keine 10 Minuten Fußweg vom Holstentor, also vom Altstadtkern entfernt.

Füchtingshof

Hansa-Park in Sierksdorf

„Hier werden Kinderträume wahr", behauptet der hauseigene Prospekt. Schaut man in die Augen der Kinder, möchte man dem zustimmen. Kein Zweifel, Kinder fühlen sich hier wohl, etwa so, wie auf einem überdimensionierten Abenteuerspielplatz. An **Attraktionen** gibt es Achterbahnen mit 360-Grad-Looping, eine Wasserrutsche, in die man mit viel Gekreische hineinrauscht, den fliegenden Hai, in dem es siebenmal kopfüber geht, den Fliegenden Holländer, das „Fly Willy" (ein Orka-Walen nachempfundenes Flug-Karussell) und, und, und ... Aber es gibt auch ruhigere Attraktionen, ein Spielparadies „Kiddie-Camp", ein Spielschiff „Niña", der Kolumbus-Karavelle nachempfunden, 300 qm große Hüpfberge, eine Westernstadt, die Plaza del Mar, ein mexikanisches Dorf, das Piratenland und so weiter. Abgerundet wird das Programm durch verschiedene Show-Veranstaltungen.

Wer hierher kommt, sollte sich **für den Tag nichts mehr vornehmen.** Zum einen wird man die Kinder erst am Rande der totalen Erschöpfung herausbekommen, zum anderen dürften sich an den beliebtesten Fahranlagen schnell lange Schlangen bilden. Immerhin bietet der Parkplatz Stellflächen für 5000 Pkws und 100 Busse. Dennoch, der Hansa-Park wurde von der Stiftung Warentest mit dem Gesamturteil „Gut" belegt, das spricht für sich. Das Angebot ist riesig und wird ständig erweitert.

Auch für das **leibliche Wohl** wird gesorgt, fünf Restaurants und 18 Kioske warten auf hungrige Gäste.

- **Geöffnet:** vom 15.4. bis 31.10. täglich ab 9 Uhr.
- **Eintritt:** Besucher von 4 bis 12 Jahre und über 60 Jahre: 14,30 €, Besucher ab 13 Jahre 16,80 €, Familienermäßigung ab 4 zahlende Personen 14,30 €. Kinder unter 4 Jahren und Geburtstagskinder bis 12 Jahre haben freien Eintritt. Alle Fahranlagen, Shows, Ausstellungen und Sonderveranstaltungen sind im Eintrittspreis enthalten.
- **Anfahrt:** Der Hansa-Park liegt bei Sierksdorf, man muss nur über die Autobahn Richtung Lübeck bis zur Abfahrt

HANSA-PARK IN SIERKSDORF

Nr. 14 (Neustadt-Süd) fahren, der Rest ist ausgeschildert. Gesamtstrecke von Fehmarn: etwa 60 km.
- **Info-Telefon:** (04563) 47 42 22
- **Internet:** http://www.hansapark.de

Kreischvergnügen im Hansa-Park

Wasserski-Anlage in Süsel

Die Wasserskianlage in Süsel auszuprobieren ist ein Heidenspaß! **Auf einem Baggersee** ist eine **Seilbahn** installiert worden, die den Wasserskiläufer auf einem rechteckigen Kurs auf 2 Bahnen entweder 400 m oder 1000 m herumzieht.

Man wird per Seil mit 28 km/h (Anfänger) oder sogar mit 60 km/h (Profis) über das Wasser gezogen. Wer es noch nie gemacht hat, sollte an einem **Anfängerkurs** teilnehmen. Eine extra kleine Bahn wird für Neulinge bereitgehalten. Wer schon etwas sicherer auf den Brettern steht, reiht sich auf der großen Bahn ein, dort sind aber wirkliche Könner unterwegs! Die Bahn ist auch gut 1000 m lang. Am meisten Spaß macht es, wenn eine ganze Anfängergruppe die kleine Bahn für sich mietet und sich von einem Trainer einweisen lässt, auch das ist möglich. Und wer es dann tatsächlich geschafft hat, schielt auch nicht mehr neidisch zur großen Bahn rüber – garantiert!

● **Geöffnet:** 1.5. bis 30.9. ab dem Nachmittag. Neoprenanzüge und Bretter können geliehen werden.

- **Preise:** Anfängerkarte 11,20 €, die Karte gilt einen Tag, so lange, bis drei Runden gelaufen sind. Rundenkarte: 3 Runden 5,60 €, 12 Runden 18,40 €. Anfängerkurse: am So 12.00-14.00 Uhr; 20,40 € pro Person, inklusive Anzug und Betreuung. Tel. (04524) 17 77, Büro 3 73, Fax 97 71.
- **Anfahrt:** Zur Wasserskianlage fährt man zunächst über die Autobahn Richtung Lübeck bis zur Abfahrt Nr. 14 (Neustadt-Süd), dann geht es wenige Kilometer weiter über die B 207 bis nach Süsel, wo die Anlage ausgeschildert ist.

Karl-May-Spiele in Bad Segeberg

Seit 1952 ein Hit, nicht nur bei Kindern, sind die Karl-May-Spiele im Freilichttheater in Bad Segeberg vor dem Kalkberg. Hier wurde seit 1645 **Kalk abgebaut,** das ging über Jahrhunderte gut, aber 1931 wurde die Grube geschlossen.

Später wurde dann eine **Freilichtbühne** in der ehemaligen Grube angelegt, und am 16. August 1952 war Premiere. Das erste Karl-May-Abenteuer ging über die Bühne, zu Tausenden kamen die Kinder aus den Ostsee-Ferienlagern. Und so ging es weiter, Jahr für Jahr.

Die **Themen** drehten sich immer wieder um Winnetou – unvergessen hier *Pierre Brice* in seiner Paraderolle. Und so erzählen die Geschichten das hohe Lied vom wackeren Westmann, vom edlen Indianer, von hinterhältigen Ganoven. Das Ganze gemischt mit viel Action, einem Schuss Rührseligkeit und vor allem der **einmaligen Atmosphäre** vor dem Kalkberg. Daher sind sowohl Kinder als auch Erwachsene regelmäßig begeistert.

Gespielt wird von Juni bis Ende August jeweils Do, Fr, Sa, um 15 und 20 Uhr, am So um 15 Uhr. Karten kosten von 10,20 bis 20,40 €, Kinder zahlen 7,65 bis 15,30 €, für Familien ab 5 Personen gibt es Sonderrabatte.

- **Infos und Kartenreservierung** unter: Karl-May-Spiele Bad Segeberg, Karl-May-Platz, 23795 Bad Segeberg, Tel. (04551) 9 52 10, Fax (04551) 10 30.
Internet: http://www.Karl-May-Spiele.de/
- **Anfahrt:** Von der Insel runter und über die A 1 bis zur Abfahrt Nr. 16 (Scharbeutz) fahren, bis dort sind es etwa 70 km. Dann noch mal 34 km auf der B 432 weiter, die direkt nach Bad Segeberg führt.

Heiligenhafen

1259 wurde erstmals eine **Siedlung** an der Stelle des heutigen Ortes erwähnt; ein halbes Jahrhundert später bekam Heiligenhafen bereits **Stadtrechte.** Das war rasant, aber dann ging es nicht ganz so flott weiter. Um wieder in den Blickpunkt des Geschehens zu gelangen, dauerte es noch bis 1803, als eine **Fährverbindung mit Dänemark** eröffnet wurde. Das war dann auch ausschlaggebend für den Bau eines **größeren Hafens.** Der dominiert das Stadtbild noch heute, wenn auch zu nicht geringem Teil durch Freizeitkapitäne mit ihren Segelyachten. Eine riesige Marina ist so entstanden, etwas vom eigentlichen Hafen entfernt, aber doch im Stadtbereich.

Heiligenhafen trägt seit 1974 den Beinamen „Ostseeheilbad", liegt aber strenggenommen gar nicht an der Ostsee – oder zumindest nur zur Hälfte. Wie das? Man findet hier ein wunderschönes Beispiel dafür, wie die Kräfte der Natur wirken können, die hier eine **Nehrung** entstehen ließen. Heiligenhafen lag nämlich einst an einer Bucht; deren Außenkante schob sich aber immer weiter ins Meer, bis eines Tages die Bucht geschlossen und ein Binnensee entstanden war. Die Landzunge, Nehrung genannt, schob sich weiter und verläuft heute unweit des Hafens im Meer.

Hier auf der Landzunge ist der schöne **Strand** zu finden, kilometerweit verläuft er, immer der Nehrung folgend. Er ist weitgehend frei von Steinen und wird von einem leichten Dünenbewuchs

HEILIGENHAFEN

begrenzt. An der breitesten Stelle misst er 50 m, später ist er schmaler. Die Ausläufer der Nehrung sind zum **Vogelschutzgebiet** erklärt worden.

Der **Stadtkern** von Heiligenhafen versprüht einen netten, teilweise altertümlichen Charme, im Zentrum rund um den Markt sind etliche schöne, alte Häuser in Gassen mit Kopfsteinpflaster zu finden. Einige Häuser wurden stilvoll renoviert, andere wurden in der Bauweise diesem Stil angepasst.

Der Strand ist, wie gesagt, auf der Nehrung zu finden, etwa 50 m an der breitesten Stelle, später ist er allerdings schmaler.

Die Grundmauern der evangelischen Kirche stammen noch aus dem 13. Jahrhundert, die Stufenhalle wurde im 15. Jahrhundert erbaut, das Chorgestühl und die Standfiguren Adam und Eva

Strand von Heiligenhafen,
im Hintergrund die Fehmarnsundbrücke

stammen aus dem 16. Jahrhundert. Unterhalb der Kirche befindet sich ein **alter Salzspeicher,** welcher auf 1587 datiert wird. Und schließlich kann noch ein kleines **Heimatmuseum** besichtigt werden, in dem die Stadtgeschichte erläutert wird und Exponate zur Seefahrt und Fischerei gezeigt werden; zu finden in der Straße Thulboden 11a, das Haus steht übrigens unter Denkmalsschutz.

●**Anfahrt:** Heiligenhafen kann man von Fehmarn aus sehen. Nach dem Passieren der Fehmarnsundbrücke nutzt man die erste ausgeschilderte Möglichkeit, rechts abzubiegen. Der Ort ist damit sogar für Radler gut erreichbar.

Oldenburg

Auch diese **Kleinstadt,** die unweit von Heiligenhafen liegt, weist eine gut tausendjährige Geschichte auf. Und genau daraus resultiert auch eine beinahe einmalige Sehenswürdigkeit. Hier liegt das neben dem Wikingermuseum Haithabu bedeutendste archäologische Bodendenkmal Schleswig Holsteins, eine **slawische Ringwallanlage.** Ihre Erdwälle überragen noch heute die meisten Häuser der Stadt. Diese Wallanlage ist mitten im Ort zu finden, keine hundert Meter vom Marktplatz entfernt.

Gegen Ende des 7. Jahrhunderts wurde ein **erster Schutzwall** von den damaligen slawischen Bewohnern errichtet, später wurde er zu einer großen Burg erweitert. Die Anlage erhielt schließlich einen halbkreisförmigen, vorgelagerten **zweiten Wall,** der war nicht ganz so gut befestigt wie

Bauernhaus im Wallmuseum

der eigentliche, schützte aber zunächst vor überraschenden Angriffen. Wenn es dann doch mal böse kam, gab man einfach den ersten Wall auf und zog sich hinter den zweiten, den eigentlichen Schutzwall zurück. Den konnten die **Angreifer** meist nicht mehr einnehmen, vielfach waren sie nämlich schon vom Sturm auf den ersten dezimiert und erschöpft. Aus beiden Wällen entstand schließlich ein großer, dessen etwas elliptische Form noch heute erhalten ist. 1227 stand hier im Inneren die mächtige **Burg** des Grafen von Holstein, allerdings wurde diese bereits 1261 wieder zerstört. Im Laufe der Jahrhunderte sank dann die Bedeutung der Festung immer mehr, bis sie regelrecht in Vergessenheit geriet.

Wer einmal **um die Anlage herum** schlendert, erhält einen tiefen Eindruck, kann sich gut vorstellen, dass diese bis zu 18 m hohen Erdwälle schwer zu überwinden waren. **Im Inneren** ist heute nur eine kleine Schautafel zu finden neben ein paar Häusern. Diese wurden wohl vor etlichen Jahren in den Wall gebaut, als man dessen Bedeutung noch nicht gebührend zu würdigen wusste.

Die entsprechende Würdigung findet etwas außerhalb von Oldenburg statt, im **Wall-Museum.** Hier wurden drei Reetdachhäuser im Stil der ostholsteinischen Bauernhöfe restauriert und zum

Museum umgebaut, in einem davon wird die Wallgeschichte dokumentiert. So erhält der Besucher einen Eindruck vom bäuerlichen Leben, aber auch eine Übersicht über die slawische Besiedlungszeit und die Entstehungsgeschichte des Walls. Anhand von Modellen wird der schrittweise Ausbau erklärt. 1990 wurde eine zweite Ausstellung eröffnet, in der das Leben und die Arbeitsbedingungen in einer slawischen Siedlung gezeigt werden. Im Inneren eines der Häuser sind durch menschengroße Puppen realistische Lebens- und Arbeitsszenen nachgestellt, der Besucher blickt den Handwerkerpuppen direkt in die Stube. Im Unterschied zu vielen anderen Museen, in denen nur Fundstücke in Vitrinen hinter Glas ausgestellt werden, ist dies beinahe ein lebendiges Museum.

- **Geöffnet:** Di-So, 10-17 Uhr.
- **Anfahrt:** Einfach geradeaus. Oder anders gesagt: die Insel verlassen und über die B 207 bis nach Oldenburg etwa 20 km fahren.

Eselpark Nessendorf

Im südöstlich von Hohwacht gelegenen Nessendorf befindet sich ein Eselpark, eine Art Erlebnispark mit hundert Eseln und 20 Eselkutschen. Die Betreiber befassen sich seit über 20 Jahren mit der Eselzucht, dieses Wissen wird nun an die Besucher weitergegeben, jeden Samstag um 15 Uhr finden fachkundige **Führungen** statt. Natürlich können die Kinder die Tiere streicheln und auch **reiten** oder eine kleine **Kutschfahrt** unternehmen.

- **Geöffnet:** vom 15.3. bis 31.10. täglich 10-18 Uhr, Tel. (04382)7 48.
- **Eintritt:** Erwachsene 2,55 €, Kinder 2-16 Jahre 1,53 €.
- **Anfahrt:** Nach Nessendorf geht es zunächst über die B 207 bis Oldenburg, von dort weiter über die B 202 Richtung Lütjenburg. Nach knapp 9 km biegt man bei Kaköhl links ab erreicht nach 3 km Nessendorf.

Kiel

Kiel ist **Landeshauptstadt** und mit 245.000 Einwohnern gleichzeitig **größte Stadt von Schleswig-Holstein.**

Wie immer fing es auch mit der Fördestadt klein an. Bis ins Jahr 1233 reicht die **Geschichte Kiels** zurück, als Graf *Adolf IV.* eine *Holstenstadt tom Kyle* auf der Halbinsel eines Fördearms anlegte. 1242 erhielt dieser winzige Ort bereits Stadtrechte. Recht schnell wurde die unschätzbar günstige Lage als sturmfreier Hafen erkannt, Kiel liegt nämlich am Endpunkt einer sich verjüngenden Förde. Jahrhundertelang wurde dies von Fischern und Händlern genutzt, bis 1871 die große Politik einzog. Kiel wurde zum Reichskriegshafen befördert, die Kaiserliche Marine wurde hier stationiert und Kriegsschiffe gebaut. Der Schiffsbau nahm riesige Dimensionen an, leider auch zum Nachteil der Stadt. Im Zweiten Weltkrieg war Kiel wegen seiner Marinegeschwader ein bevorzugtes Bombenziel, fast 80 Prozent der Stadt lagen in Schutt und Asche. Kiel wurde nach dem Krieg wieder aufgebaut, weist allerdings heute kaum historische Sehenswürdigkeiten auf.

Die Kieler Innenstadt zeigt eine lebhafte, **moderne Großstadtatmosphäre,** der Hafen und ein paar maritime Sehenswürdigkeiten ergänzen dieses Bild.

Sehenswertes

Wie gesagt, Kiel hat kaum klassische Sehenswürdigkeiten zu bieten. Praktisch alle interessanten Punkte sind locker auf einem Spaziergang zu erreichen. **Ausgangspunkt** könnte der Hauptbahnhof sein, da hier auch der Busterminal und einige Parkhäuser liegen.

Sophienhof Da wäre dann zunächst der Sophienhof, ein riesiges überdachtes **Einkaufszentrum.** Auch wer keine Shopping-Tour starten möchte, sollte einen Spa-

208 Kiel

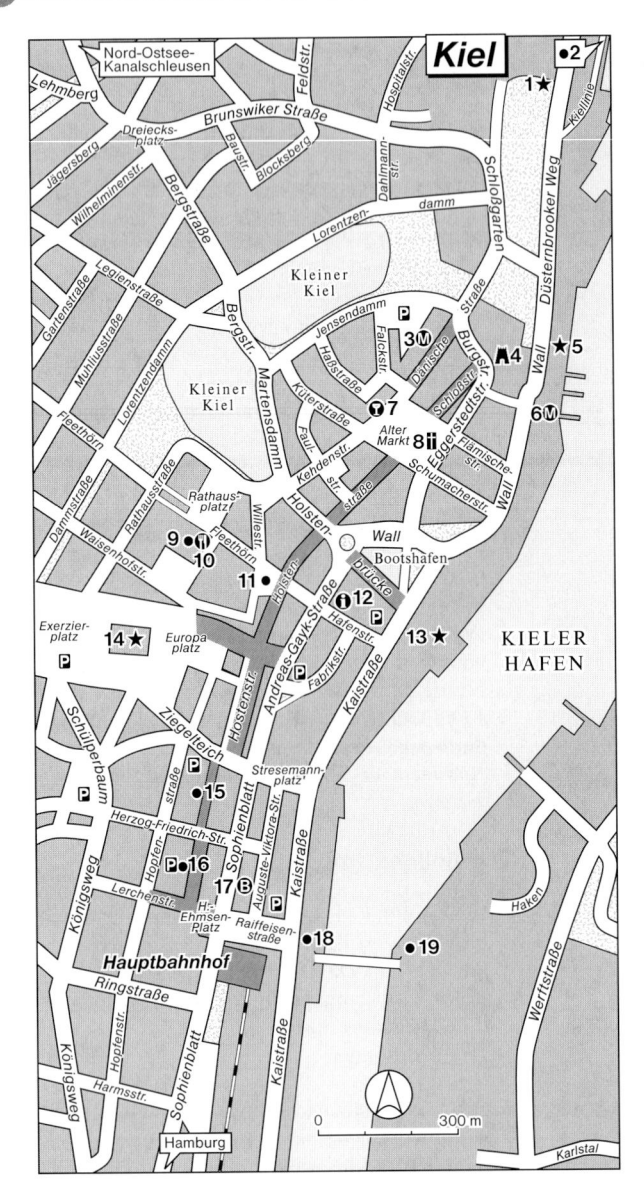

KIEL

- ★ 1 Kunsthalle
- ● 2 Seehundbecken und Segelschulschiff Gorch Fock
- Ⓜ 3 Stadtmuseum Warleberger Hof
- ▲ 4 Schloß
- ★ 5 Ostseekai
- Ⓜ 6 Schiffahrtsmuseum
- ❶ 7 Kieler Brauerei
- ⅱ 8 St.-Nikolai-Kirche
- ● 9 Rathaus
- ❶ 10 Friesenhof
- ● 11 Asmus-Bremer-Platz
- ❶ 12 Tourist Information
- ★ 13 Schwedenkai
- ★ 14 Ostseehalle
- ● 15 Holstentörn
- ● 16 Sophienhof
- Ⓑ 17 Busbahnhof (ZOB)
- ● 18 Bahnhofskai
- ● 19 Oslo Kai (Fähre nach Norwegen)

ziergang durch die Passagen machen. Hier ist nämlich neben diversen kleinen und größeren Läden auch die **Stadtgalerie** untergebracht, in der wechselnde Ausstellungen zeitgenössischer Kunst gezeigt werden. Außerdem sind kleine Kioske zu finden, wo es beispielsweise original dänische Hot-Dogs gibt – die leckeren mit der rein roten Wurst!

Holstenstraße

Vom Sophienhof geht es über eine zweite Passage, den Holstentörn, hinunter zur **Fußgängerzone** Holstenstraße. Diese ist nun nicht mehr überdacht, bringt den Spaziergänger aber zu allen wichtigen Punkten, wieder an einer Vielzahl von Geschäften vorbei.

Europaplatz

Zunächst wird der Europaplatz passiert, hinter dessen leicht „hügeliger" Topographie die **Ostseehalle** liegt. Dort finden die Handballspiele der Bundesliga-Mannschaft von THW Kiel statt, ständig vor ausverkauftem Haus übrigens.

Asmus-Bremer-Platz

Nur wenige Schritte später ist der Asmus-Bremer-Platz erreicht. *Herr Bremer* war 1702 bis 1720 Kieler Bürgermeister, jetzt schaut er sich als Bronzefigur, entspannt auf einer Bank sitzend, das Treiben an.

KIEL

Rathaus — Ein kleiner Schwenk nach links führt zum Rathaus. Dieses wurde 1907-1911 im **Jugendstil** errichtet, vom 67 m hohen **Aussichtsturm** genießt man einen Weitblick über die ganze Stadt. Jedes Jahr wird auf einem Balkon des Rathauses feierlich von der Politprominez die Kieler Woche eröffnet, die größte Segelregatta der Welt und gleichzeitig eine einwöchige Mega-Freiluft-Party.

St. Nikolai-Kirche — Zurück zur Fußgängerzone. Diese endet schließlich am Alten Markt, wo die St.-Nikolai-Kirche steht. Ein auffallend schlicht gehaltener Backsteinbau, der schon um 1242 entstand, die **heutige Form** wurde etwa gegen Ende des 14. Jahrhunderts fertiggestellt. Im Krieg fiel die Kirche den Bomben zum Opfer, wurde aber 1950 wieder aufgebaut. Besonders schön sind die **Fenstermalereien** im Inneren, deren gemeinsames verbindendes Element das Blau des Wassers ist.

Schloss — Hinter der Kirche führt die Dänische Straße zum **Schlossgarten.** Dieser fällt längst nicht so imposant aus, wie der Name vermuten lässt, das ehe-

Innenstadt und Hafen

malige Schloss aus dem 13. Jh. wurde ebenfalls durch Bomben völlig zerstört. In den 60er Jahren wurde es wieder aufgebaut, und heute beherbergt es ein **Kommunikationszentrum.**

Stadtmuseum Ebenfalls in der Dänischen Straße ist unter der Hausnummer 19 das kleine Kieler Stadtmuseum zu finden. Es ist im **Warleberger Hof** untergebracht und zeigt maritime Gemälde und darüber hinaus ständig wechselnde Ausstellungen, die nichts mit der Schiffahrt zu tun haben müssen. Großformatige Bilder mit seemännischem Hintergrund dominieren, so ist hier auch beispielsweise das umstrittene Bild von *Hans Bohardt* „Der letzte Mann" zu finden. Es zeigt einen ertrinkenden Mann, der, noch im Versinken, die schwarz-weißrote Flagge hochhält. Im Hintergrund des Bildes geht gerade das Schiff „Graf Spee" am 8. 12. 1914 vor den Falklandinseln unter.

Ostseekai Vorbei am Schlossgarten geht es runter zum Wasser, dort wird der Ostseekai erreicht, von wo die hochhausgroßen Fährschiffe nach Dänemark und Schweden ablegen. Wer noch nie ein Fährschiff dieser Größe gesehen hat, wird erst einmal staunend davor stehen, eine Sehenswürdigkeit ganz besonderer Art.

Museumshafen Wer nach rechts schwenkt, erreicht nach 200 Metern den Museumshafen. Hier liegen allerdings nur zwei nostalgische **alte Schiffe,** unter anderem eine nachgebaute Hansekogge. Unbedingt sehenswert ist das **Schiffahrtsmuseum,** das direkt am Museumshafen in einer ehemaligen Fischhalle untergebracht ist. Die Ausstellung ist nicht nur für Freunde des Maritimen beeindruckend, hier wird der seemännische Alltag vor dem Hintergrund der Historie des Kieler Hafens dargestellt. So sind Gemälde aus den Anfängen des Hafens zu finden, detailgetreue Modelle, in denen die Mühen des Schiffsbaus in jeder Figur erkennbar sind, aber auch ein

212 KIEL

Blick auf die Kriegsmarine wird geworfen. In einer hinteren Ecke werden Schiffsmodelle sowie Originalwerkzeuge der Schiffszimmerer ausgestellt. Ein Clou sind noch Dioramen, in denen ständig umlaufende Bilder durch eine Art „Fernglas" betrachtet werden können. So kann man sich historische Bilder des Hafens in überdimensionierter Größe anschauen, gewinnt dadurch eine beinahe plastische Nähe. Einem eher neuzeitlichen Aspekt ist abschließend etwas Platz gewidmet, nämlich einem selbstgebauten Boot, das zwei Männer zur Flucht aus der DDR nutzen wollten.

Kiellinie

Ein abschließender Spaziergang sollte noch entlang der Kiellinie unternommen werden. Dazu muss man nur an der Förde zurückgehen, wieder am Ostseekai vorbei zu einer Fußgängerpromenade, die über 2 km direkt entlang der Förde verläuft. Hier tobt zur **Kieler Woche** das Leben! Eine Bude steht neben der anderen, und für Kinder finden hier unzählige Veranstaltungen statt. Außerhalb dieser verrückten Woche geht es eher ruhig zu.

Nach einigen hundert Metern ist am Düsternbrooker Weg 20 schließlich eine besondere Attraktion erreicht, das **Seehundbecken.** Hier, in einem kleinen Außenbecken des Meerwasser-Aquariums tummeln sich Seehunde, schwimmend, tauchend, spielend. Das Aquarium wird vom Institut für Meereskunde der Universität Kiel betreut, in 31 Becken und Aquarien sind etwa 150 Fischarten zu bewundern. Geöffnet: täglich 1.4.-30.9. von 9.00-17.00 Uhr, 1.10.-31.3. von 9.00-19.00 Uhr. Eintritt: Erwachsene 1,28 €, Kinder 0,51 €.

Der weitere Weg führt an den Gebäuden der Landesministerien vorbei zur Blücherbrücke. Dort liegt das **Segelschulschiff Gorch Fock,** wenn es nicht gerade wieder einmal auf Weltreise ist.

Nord-Ostsee-Kanal

Ein ganz interessanter Ort soll noch erwähnt werden, obwohl er außerhalb des Zentrums liegt, die **Schleusen** des Nord-Ostsee-Kanals. Der Kanal, der bei Kiel-Holtenau in die Ostsee mündet, ist mit der Buslinie 11 ganz leicht zu erreichen. Ab ZOB (liegt direkt beim Bahnhof) in Richtung Wik bis zur Endstation fahren. Von der Endstation sind es nur noch 50 Meter bis zum Kanal, dort nach rechts gehen, und die Südschleuse ist recht bald erreicht. Von der Aussichtsplattform kann man dann dem Schiffsverkehr zuschauen. Auf dem anderen Ufer kann auch das **Kanal-Modell-Museum** besucht werden. Dazu mit der kostenlosen Personenfähre übersetzen und etwa 500 m nach rechts gehen. Geöffnet: täglich 9-16 Uhr, Eintritt: 1,53 €. Schleusenführungen finden um 9 Uhr, 11 Uhr, 13 Uhr und 15 Uhr statt.

● **Anfahrt:** Kiel kann auf 2 Wegen erreicht werden.

Die **erste Variante:** Zunächst die Insel verlassen, die B 207 bis Oldenburg fahren und von dort über Lütjenburg auf der B 202 weiter direkt bis nach Kiel (Gesamtweg: ca. 75 km).

Die **zweite Variante** zweigt bei Lütjenburg ab auf die B 502 und schlägt einen Bogen, in etwa der Ostseeküste folgend, nach Kiel (Gesamtstrecke: ca. 90 km).

Eine gute Möglichkeit, Hin- und Rückweg zu trennen, zumal die zweite Strecke über die später beschriebenen Ausflugsziele Laboe, Schönberg und Kalifornien führt.

Nord-Ostsee-Kanal

Laboe

Dieser kleine Ort, am Ende der Kieler Förde gelegen, wurde bereits 1240 als **slawisches Fischerdorf** Lubodne urkundlich erwähnt. Nennenswerte Bedeutung erlangte Laboe allerdings erst in diesem Jahrhundert durch die **Stationierung der Marine** und den Ausbau zum Ostseebad.

Marine-Ehrenmal

Schon zu Kaisers Zeiten war die Marine präsent, heute erinnern zwei geschichtsträchtige Denkmäler daran. Das bekannteste ist das weithin sichtbare Marine-Ehrenmal, eine „Gedenkstätte für die auf See Gebliebenen aller Nationen und Mahnmal für eine friedliche Seefahrt auf allen Meeren". So heißt es jetzt in einer Erinnerungsschrift am Fuß des Denkmals. 1927 wurde der Grundstein zum **Bau** gelegt, 1936 war er fertiggestellt.

Heute wie damals fällt die **gigantische Größe** auf: 72 m misst der Turm, der obendrein 85 m über Ostseeniveau hoch ist, 341 Treppenstufen führen auf die Spitze. Die muss man aber nicht hochlaufen, es existieren auch noch zwei Fahrstühle. Weiterhin gehören zum Denkmal eine unterirdische **Weihehalle** zum Gedenken an die Toten, ein weitläufiger **Ehrenhof** mit Flaggen der deutschen Marine und eine **Gedenkwand** mit Schattenrissen der gesunkenen Schiffe der Kriegsjahre 1939-1945. Außerdem wird der Skagarakschlacht gedacht und die Entwicklung der Schiffahrt an Modellen nachgezeichnet.

●**Geöffnet:** 16.10.-15.4. tägl. 9.30-16.00 Uhr und 16.4.-15.10. tägl. 9.30-18.00 Uhr.
●**Eintritt:** Erwachsene 2,55 €, Kinder 1,53 €.

U-Boot-Museum

Sicherlich kennen Sie den **Film „Das Boot"**, in dem die Geschichte eines deutschen U-Bootes im Zweiten Weltkrieg gezeigt wird. Deutlich wurden in dem Film die Enge, das Gedränge, die nervöse Spannung. In Laboe können Sie diesen Eindruck hautnah nachempfinden. Am Strand gegenüber vom Marine-Ehrenmal liegt ein **U-Boot aus dem Zweiten Weltkrieg zur Begehung** bereit. Die U 995 wurde 1943 fertiggestellt und war noch für die deutsche Marine im Einsatz. Später wurde es an die norwegische Marine verkauft, wo es als Schulungsboot genutzt wurde, seit 1972 ist es schließlich in Laboe als Museum aufgestellt. Ausnahmsweise möchte ich zur Beschreibung die Stichworte aus meinem Block wiedergeben, die ich mir bei

Marine-Ehrenmal Laboe

der Besichtigung notiert habe: „Beklemmende Realität! Enge, Kopf stoßen, winzige Schotten, wie konnten hier 52 Mann hausen? So viele Hebel und Kurbeln, da muss jeder Handgriff sitzen, wie klappt das bei Stress? Offiziere, Unteroffiziere, Mannschaft, wo waren die Unterschiede? Kaum in den Unterkünften. Selbst die Kapitänskajüte, jeder VW-Bus ist heute besser ausgestattet – und dann die Kombüse! Hier wurde für 52 Mann gekocht?" Wer durch das Boot geht, oder besser gesagt klettert, denn man muss mehrfach durch die Schotten steigen, erfährt beklemmende Eindrücke bei der Vorstellung, dass hier so viele Menschen gehaust und Todesängste ausgestanden haben.

- **Geöffnet:** 16.4.-15.10. tägl. 9.30-16.00 Uhr und 16.10.-15.4. tägl. 9.30-18.00 Uhr.
- **Eintritt:** Erwachsene 1,79 €, Kinder 1,28 €.

Strand

Genug davon, zumal Laboe unabhängig von diesen beiden Denkmälern auf jeden Fall einen Besuch lohnt. Der Ort war nämlich schon zu Beginn dieses Jahrhunderts ein **Seebad**, und das kann bei einem Spaziergang entlang der Promenade bestätigt werden. Der Strand ist recht schön, feinsandig und wenigstens 15 m breit. Auf der anderen Seite liegt, sozusagen in bester Lage, eine Reihe von guterhaltenen Häusern, teilweise leicht erhöht und bietet damit einen phänomenalen Ausblick auf die Förde.

Hafen

Erreicht man schließlich den kleinen Hafen, wird man überrascht feststellen, dass es hier tatsächlich noch **Fischerboote** gibt. Auch ein paar Kneipen und **Restaurants** sind zu finden, insgesamt eine durchaus angenehme Atmosphäre. So zum Beispiel das Restaurant Fischküche Laboe, dessen Motto lautet: „Frisch vom Kutter in die Pfanne", was hier wörtlich genommen werden darf.

- **Anfahrt:** siehe Kiel, zweite Variante. Von Kiel aus kann man auch mit den Schiffen der Förde-Fährlinie fahren, die zwischen Laboe-Hafen und dem Zentrum von Kiel pendeln. Dauer der Überfahrt: etwa eine Stunde. Die Abfahrt erfolgt zwischen 6.48 Uhr und 19.15 Uhr beinahe stündlich von Montag bis Freitag, am Wochenende allerdings deutlich seltener, und dies wird in der Herbst- und Winterzeit nochmals eingeschränkt.

Freilichtmuseum Molfsee

Dieses Museum wird ein „lebendes Museum" genannt, weil hier auf einem 60 Hektar großen Gelände seit 1961 insgesamt **65 historische Häuser aufgebaut** wurden. So finden sich hier Bauernhäuser, Scheunen, Mühlen oder Handwerkerkaten. Die Objekte stammen aus ganz Schleswig-Holstein, wurden vor dem Verfall gerettet, nach Molfsee transportiert und originalgetreu wieder aufgebaut. Auch ein Hof aus meiner unmittelbaren Nachbarschaft wurde in Molfsee renoviert wieder errichtet und beherbergt heute ein Restaurant am Eingang.

Das Museum lebt aber auch aus einem anderen Grund, werden hier doch **Haustiere** gehalten, **arbeiten Handwerker** wie Kerzenzieher, Bäcker, Drechsler oder Töpfer **nach uralter Tradition,** es wird sogar stilecht im Windfang Mettwurst geräuchert. Die Katen sind fast alle begehbar, man gewinnt einen Eindruck von der Lebenssituation der ländlichen Bevölkerung aus Zeiten, die noch gar nicht so lange vorbei sind. Im Herbst findet hier alljährlich ein **Herbstmarkt** statt, dann kommen jede Menge Künstler zusammen, die eine breite Palette an Kunsthandwerk anbieten.

- **Geöffnet:** 1.4.-31.10. tägl. 9.00-18.00 Uhr, 1.11.-31.3. So und feiertags 11-16 Uhr, bei Schnee und Eisglätte bleibt das Museum geschlossen. Eintritt 3,57 €, Kinder 6-17 Jahre 2,04 €. Es muss eine Fotografiererlaubnis zu 1,02 € erworben werden.
- **Anfahrt:** Zunächst Richtung Kiel, aber kurz vor Erreichen der Stadt über die B 4 Richtung Molfsee/Neumünster fahren.

Kalifornien

Kurioser Name, nicht wahr? Wir befinden uns aber immer noch an der Ostsee, und Kalifornien gehört zur Gemeinde Schönberg. **Woher der Name stammt?** Die Kurverwaltung gab folgende Antwort: „Nun, die Umstände, die zur Gründung dieser Orte führte (Plural, weil hier auch auf ‚Brasilien' eingegangen wird), sind ebenso ungewöhnlich wie die Namen selbst. Im Jahre 1735 strandete an der hiesigen Ostseeküste die Segelbark ‚Kalifornia' und wurde durch einen heftigen Sturm schwer zerstört. Unter den Trümmern und Wrackteilen, die an das Ufer getrieben wurden, war auch eine Planke mit der Inschrift ‚Kalifornia', dem Namen des Schiffes. Diese Trümmer fand ein Fischer, der aus den Wrackteilen eine Hütte zimmerte, an deren Vorderfront er die Planke mit der Inschrift ‚Kalifornia' anbrachte. Zu dieser ersten Fischerhütte gesellten sich im Laufe der Zeit noch weitere – der Ort ‚Kalifornien' war geboren. Als in der Nähe Kaliforniens dann bald ein weiterer Ort entstand, beschlossen dessen Gründer, ebenfalls einen nicht alltäglichen Namen für ihre Neugründung zu wählen: ‚Brasilien'."

Die Bezeichnung „Ort" für Brasilien ist heute etwas hochgestochen, besteht Brasilien doch nur aus drei Straßen und liegt gleich neben Kalifornien – ist somit eigentlich ein „Vorort".

● **Anfahrt:** siehe Kiel, zweite Variante.

Museumsbahn in Schönberg

Eine Museumsbahn pendelt zwischen Schönberg und Schönberger Strand mit historischen Zügen und Dampfloks, aber auch mit Straßenbahnwaggons. Etwa 30 Straßenbahnwagen sind am **Mu-**

MUSEUMSBAHN IN SCHÖNBERG

seumsbahnhof in Schönberger Strand zu besichtigen, so beispielsweise Wagen aus Hamburg, aus der Berliner Linie „Spandau – Hallenfelde" oder zwei Wagen aus den Jahren 1936 bzw. 1894. Die Fahrt der Museumseisenbahn führt übrigens nicht direkt bis Schönberg-„City", sondern bis zu einem Punkt etwas außerhalb, der Bahnhof Stakendorf genannt wird. Der Museumsbahnhof wird von einer Privatinitiative betrieben.

- **Infos:** Kurverwaltung Schönberg, Tel. (04344) 44 08 oder am Wochenende (04344) 23 23 oder Hotline (0180) 5 21 34 34.
- **Fahrplan:** Die Bahn verkehrt nur Sa und So, in der Hauptsaison Juli und August zwischen 10.30 und 17 Uhr bis zu 12 Fahrten, in der Zeit vom 25.5. bis 30.6. und vom 31.8. bis 8.9. bis zu achtmal. Weiterhin finden Sonderfahrten zu Pfingsten, Ostern, Himmelfahrt und am Nikolaustag statt.
- **Preise:** 3,27 € Erwachsene, 1,63 € Kinder für Hin- und Rückfahrkarte.
- **Anfahrt:** siehe Kiel, zweite Variante.

Museumsbahn in Schönberg

Kindheits-Museum in Schönberg

In Schönberg lohnt der Besuch des Kindheits-Museums in der Knüllgasse 16, im Ortszentrum unweit der Kirche. Die **Sammlung** steht unter dem Motto *„Ein Jahrhundert Kindheit"*. Schwerpunkt der Ausstellung sind Spielsachen, darauf wird man schon im Vorraum eingestimmt. Dort liegen Straßenspiele, auch älteren Datums, die sogar ausprobiert werden dürfen. Weiterhin ist ein altes Schulzimmer mit klassischen Bänken zu finden, eine Ausstellung über Jungen- und Mädchenspielzeug und ein zeitgeschichtlicher Gang durch „100 Jahre Kindheit".

- **Geöffnet:** Mitte Juni bis 20. September, außer Mo jeden Tag von 14 bis 18 Uhr.
- **Eintritt:** Erwachsene 1,53 €, Kinder 0,51 €.
- **Anfahrt:** siehe Kiel, zweite Variante.

Gut Panker

In Ostholstein gab es schon seit Beginn der so genannten Gutswirtschaft um 1550 einige hochherrschaftliche Gutshöfe und Schlösser. Damals wurden verschiedenen Grafen weite Ländereien zugesagt, und entsprechende Residenzen entstanden. Die möglicherweise schönste **Gutsresidenz** ist in Panker zu besichtigen.

Bei einem Blick auf die Landkarte wird man feststellen, dass Panker als winziger Ort eingezeichnet ist. Das stimmt, gleichzeitig verbirgt sich hinter dem Namen ein 1117 Hektar **großes Gut.** (Zum Vergleich: ein Bauer in Schleswig-Holstein hat sonst etwa 30 bis 50 Hektar Land.) Und dieses Gut wird noch bewirtschaftet, das Schloss noch bewohnt, das heißt, es kann **nur von außen besichtigt werden.** Das ist aber schon beeindruckend genug!

Nachdem Panker erreicht ist, fällt zunächst die riesige Reitkoppel auf. Ringsherum erhebt sich ein

GUT PANKER

wahrlich jahrhundertealter Baumbestand. Man erkennt im Rechteck darum angesiedelt die Post, Reitställe, eine Gastwirtschaft „Ole Liese" und ein Gemeindehaus. Dahinter liegen zwei riesige **Schlossgärten,** die man aber, genau wie das **Schloss,** nur von außen betrachten kann. Das Schloss ist um 1650 erbaut worden, Erweiterung und Anbau der beiden Seitentürme erfolgten im 18. Jahrhundert. Die Gärten wurden in den 50er Jahren dieses Jahrhunderts nach erneuter Renovierung im französischen Stil gehalten. Die ganze Anlage besticht durch augenfällige Pflege, schade nur, dass man das Schloss nicht von innen besichtigen kann.

●**Anfahrt:** Zuerst über die B 207 nach Oldenburg, dann weiter auf der B 202 nach Lütjenburg und schließlich über die B 502 noch 5 km Richtung Kiel bis zum Abzweig nach Panker fahren.

Gut Panker

Fehmarner Essays

Fehmarner Essays

Kleiderbügel in groß

Der Fehmarn-Urlaub ist perfekt, eine Ferienwohnung gebucht, das Auto rollt gen Ostsee, der Verkehr lässt langsam nach, die Sonne scheint. Und dann, kurz nach dem Ende der Autobahn, **erblickt man aus dem Auto** die Ostsee mit weißen Segeltupfern auf blauem Wasser. Und ganz im Hintergrund etwas Fremdartiges, eine Art überdimensionierter Kleiderbügel. Ein paar Kurven weiter ist es schon besser zu erkennen: kein Kleiderbügel, sondern ein Brückenbogen, die **Fehmarnsundbrücke.** Seit 1963 verbindet sie Fehmarn mit dem Festland und sorgte für einen neuen, nie erwarteten Aufschwung.

Planungen zu einem derartigen Brückenschlag gab es schon lange, bereits 1865 kam die erste Idee auf den Tisch. Eine deutsch-dänische Verbindung, bestehend aus Fähren und Dämmen, sollte über Fehmarn gebaut werden, in etwa der heutigen Linie folgend. Warum auch immer, das Vorhaben kam nicht voran.

Nach dem Zweiten Weltkrieg sah die Lage dann plötzlich ganz anders aus. Die einzige Route über die Ostsee, eine Fährverbindung von Warnemünde (bei Rostock) nach Gedser war nicht mehr nutzbar. Der Verkehr floss nun umständlich

KLEIDERBÜGEL IN GROSS

über Flensburg hoch bis Fredericia, von dort über den kleinen Belt nach Odense und Nyborg und dann über den Großen Belt auf die dänische Hauptinsel Seeland mit Endziel Kopenhagen. Ein Weg, der auch heute noch genutzt wird.

Diesen **riesigen Umweg zu verkürzen,** war die Idee der Vogelfluglinie. Zunächst pendelten Fähren vom Festlandshafen Großenbrode nach Gedser, aber das war nur ein Zwischenabschnitt. Eine „große" Lösung sollte her. Und die kam auch. Zwanzig Planungsentwürfe gingen ein, wurden geprüft und schließlich entschied man sich für den „Kleiderbügel".

Der **Bau der Brücke** war eine gewaltige Leistung, hier die offiziellen Zahlen: Länge der Brücke 963,40 m, Durchfahrtshöhe 23 m, Scheitelhöhe des Bogens 69 m über dem Meeresspiegel, Breite 20,95 m, zweispurige Fahrbahn 7,50 m, und wie es so schön im Amtsdeutsch damals hieß: „zwei Mopedstreifen: je 1,25 m, öffentlicher Gehweg (Westseite): 1,58 m, Dienstweg: 0,81 m". An einen Fahrradweg dachte damals niemand, die Eisenbahn rollt übrigens auch noch über die Brücke. Die Kosten für den Bau betrugen 153 Mio. Euro, die Dänen steuerten ca. 41 Mio. Euro dazu bei. Am 30. April 1963 wurde die Brücke dem Verkehr übergeben.

Zwei Wochen später eröffnete Bundespräsident *Lübke* zusammen mit dem dänischen König *Frederik IX.* die **Fährverbindung zwischen Puttgarden und Rødby,** damit war die Vogelfluglinie Wirklichkeit geworden. Damals stand dieses Projekt unter dem Stichwort „Hafraba", einer durchgehenden Autobahnverbindung Hamburg – Frankfurt – Basel und entsprechender Verlängerung nach Norden. Man träumte von einem Weg, der von Lissabon nach Helsinki führt, der **Europastraße E 4,** so heißt übrigens noch heute das Fehmarner Teilstück.

Fehmarnsundbrücke

Nach dem Bau der Brücke wurde eine 33 km lange neue Straße bis zum Fährhafen Puttgarden gebaut. Diese verläuft völlig kreuzungsfrei über die Insel, insgesamt 25 Überführungen machen es möglich.

Die **zeitlichen Einsparungen** waren enorm. Benötigte die alte Fähre von Großenbrode nach Gedser noch 3 Stunden, schippert man heute in weniger als einer Stunde nach Rødby. Die Züge von Hamburg nach Kopenhagen benötigten nach Eröffnung der Vogelfluglinie knapp 5 Stunden, fast die Hälfte der Zeit, die sie auf der alten Strecke über Flensburg und Fredericia fuhren.

Mittlerweile wurden aber neue Pläne gewälzt. Das umständliche Rangieren auf die Fähre und die damit verbundenen Wartezeiten ließen einige Planer nicht ruhen. 1998 wurde dann eine neue **gigantische Brücke über den Großen Belt** eingeweiht. Sie verbindet die dänischen Inseln Fünen und Seeland, der Auto- und Eisenbahnverkehr kann nun direkt nach Kopenhagen rollen, ohne Fähr-Unterbrechung. Damit nicht genug, der nächste Schritt wird auch schon erwogen, ein **Brückenschlag nach Schweden.** Dann könnte der Verkehr durchgängig nach Skandinavien fließen, fast so, wie die Macher in der EU es sich einst mal erträumt hatten, von Lissabon nach Helsinki.

Ende 1998 schlug das Landesamt für Denkmalschutz in Kiel vor, die **Fehmarnsundbrücke unter Denkmalschutz** zu stellen. Die Brücke sei mittlerweile eine Art Wahrzeichen von Schleswig-Holstein geworden und solle in ihren baulichen Eigenarten erhalten bleiben. Vor allem sollten Eingriffe in die Konstruktion verhindert werden. Knapp 35 Jahre nach Eröffnung wird also dieses Bauwerk schon auf eine Stufe mit altertümlichen Gebäuden gestellt, wenn das keine Karriere ist ...?

Störtebekers Denkmal

Mythos Störtebeker

Hamburger Kaufleute gelten als korrekte Pfeffersäcke, die jeden Taler verbuchen, bevor sie ihn umdrehen. Das war auch schon vor 600 Jahren so. Akribisch wird aufgelistet, dass Henker *Rosenfeld* am 19. Oktober 1401 für das Abschlagen von 73 Köpfen die Summe von 6,12 Euro bekam. Einer davon war **Klaus Störtebeker,** Anführer und heute bekannteste Figur der „Liekedeeler", der Gleichteiler. Angeblich verteilten die Seeräuber ihre Beute nämlich zu gleichen Teilen. Einen Wahlspruch hatten sie auch: „Gottes Freund, des Menschen Feind", so steht es heute noch am Störtebeker-Denkmal mitten im Hamburger Hafen, am damaligen Richtplatz Am Brooktor. Eine Art Robin Hood also? Reiche beklauen und den Armen geben?

Etwa zwischen 1370 und 1398 war die **Ostsee ein beliebtes Piratenrevier.** Überfallen wurden alle Schiffe, die Erträge versprachen, besonders die dickbauchigen Koggen der Hanse. Mal agierten die Seeräuber auf eigene Faust, mal in staatlichem Auftrag mit einem Kaperbrief. Eine Chronik berichtet, dass im Jahr 1394 an die 2000 Piraten mit 100

Schiffen die Ostsee unsicher machten. Woher kamen sie alle? Eine bunte Mixtur von armen Seeleuten, Kriminellen und sogar abgebrannten Adligen.

Ein Großteil dieser Piraten schloss sich zur Gruppe der **Liekedeeler,** der „Gleichteiler", zusammen. (Ein kleiner Trupp der Liekedeeler hielt sich übrigens von 1420 bis 1430, also lange nach *Störtebekers* Tod, auf Fehmarn auf, in der Burg Glambeck.)

Der gefürchtetste und berüchtigste **Anführer** hieß *Godeke Michels,* und eine Art Unteroffizier war *Klaus Störtebeker*. *Michels* war schon zu Lebzeiten eine Legende, *Störtebeker* auch nicht gerade unbekannt.

Aber erst nach beider Tod wurde **Störtebeker zum Mythos,** *Godeke* geriet dagegen in Vergessenheit. Schon Störtebekers Namensgebung war ein Mysterium. Bis heute konnte nicht zweifelsfrei geklärt werden, woher er stammte und wie er ursprünglich mal hieß. Angeblich soll er sich den Namen Störtebeker in einer Art „Aufnahmeprüfung" erworben haben, bei der er einen Becher Bier auf Ex austrinken musste. Keine leichte Aufgabe, maß der Krug doch stattliche 2 Liter. Von Stund hatte der Pirat einen neuen Namen, *Klaus Stürz-den Becher (Störtebeker),* soweit jedenfalls die Legende.

Zunächst operierten sie in der Ostsee, **nutzten Machtstreitigkeiten** der dänischen und schwedischen Könige. Ein kompliziertes Geflecht von Thronfolge-Streitigkeiten, Intrigen, verwandtschaftlichen Beziehungen und Machtgier ließ Dänen, Schweden und Mecklenburger gegeneinander kämpfen. Die Mecklenburger wurden von der Hanse unterstützt, und beide gaben grünes Licht für seeräuberische Attacken. Die Beute wurde später ganz offiziell auf den Märkten von Wismar und Rostock verkauft.

Irgendwann gab es **Frieden,** nur die Piraten waren noch da. Und sie blieben. Jetzt mussten die Schiffe der Hanse dran glauben, immerhin versprachen diese fette Beute. Aber damit nicht genug, die norwegische Stadt Bergen wurde genau-

MYTHOS STÖRTEBEKER

so geplündert wie das schwedische Malmö. Schließlich verzogen sich die Piraten auf die **Insel Gotland.** Aber auch auf Gotland konnten sie nicht lange bleiben, zu sehr störten sie durch ihre Attacken den hanseatischen Warenverkehr. Am 21. März 1398 vertrieb ein schlagkräftiges Heer des Deutschen Ordens die Piraten von Gotland und damit endgültig aus der Ostsee.

Daraufhin **zogen die Piraten um in die Nordsee,** und *Klaus Störtebeker* trat ins Rampenlicht. Unterschlupf fanden sie bei ostfriesischen Häuptlingen, *Störtebeker* beispielsweise bei *Widzel tom Brock* in Marienhafe, unweit von Emden. Die Geschäfte blühten auch hier recht bald, auf den lokalen Märkten wurden die erbeutete Waren verkauft, das sprach sich rum, der Marktplatz Marienhafe kam zu bescheidenem Wohlstand. Hier waren die Piraten sicher, aber um die Schiffe in der Nordsee erfolgreich zu attackieren, brauchten sie einen anderen Platz. *Störtebeker* verlegte seine Operationsbasis nach Helgoland.

Irgendwann wurde es den hanseatischen Kaufleuten schließlich zu bunt, sie organisierten eine **Flotte, die die Piraten fangen sollte,** unter dem Kommando von *Simon von Utrecht* (nach ihm ist heute eine Hamburger Straße im Stadtteil St. Pauli benannt). Im Juli 1401 wurden *Störtebekers* Schiffe vor der Insel Helgoland gestellt, angeblich fiel er einem **Verrat** zum Opfer. Einer seiner Leute hätte in der Nacht vor dem Angriff das Ruder mit flüssigem Blei eingeschmiert. Am nächsten Morgen war das Blei trocken, das Ruder damit blockiert, so zumindest eine weitere Legende um den Mythos Störtebeker.

Die Piraten wurden nach Hamburg gebracht und vor Gericht gestellt, das Urteil war klar: **Tod durch das Schwert.** Eine weitere Legende erzählt, dass der Piratenchef den Hamburgern einen Deal vorschlug: Freiheit für ihn und seine Männer im Austausch für eine Goldkette, die einmal um die ganze Stadt gewickelt werden kann. Die Pfeffersäcke aber lehnten ab und bestanden auf der Vollstreckung des Todesurteils. Und hier greift die Sage, die *Störtebeker* endgültig zum Mythos werden ließ. Als es nämlich soweit war, soll *Störtebeker* noch einmal mit seinen Richtern verhandelt haben. Er erreichte, dass diejenigen Männer freigelassen werden, an denen er ohne Kopf noch vorbeilaufen könne. Meister *Rosenfeld* schritt zur Tat, hieb mit einem sauberen Schnitt *Störtebekers* Kopf ab, und das Wunder geschah (angeblich), der kopflose Pirat lief los. Tatsächlich soll er 11 Leute passiert haben, bevor ihm der Henker, um seinen Lohn fürchtend, ein Bein gestellt haben soll.

Pfeif-Verbot beim Segeln

Klarer Fall, die Ostsee ist ein tolles Segelrevier. Tausende von Booten liegen in den Häfen, kaum ein Ostseeort ohne Hafen. Im Sommer sind alle **Liegeplätze** belegt, wenn nicht, ist der Platzinhaber selbst auf große Fahrt gegangen, und der Platz kann von einem anderen kurzfristig über Nacht genutzt werden. Das zeigen übrigens kleine Schildchen an den Liegeplätzen an.

Man steht jedenfalls staunend vor all den **Segelyachten,** die teilweise ein Vermögen gekostet haben. Herrliche alte Holzschiffe, 12-Meter-Dickschiffe oder auch kleine, wendige 470er, erkennbar an eben dieser Zahl im Segel. Jedes Boot hat seinen eigenen Reiz.

Wer möchte da nicht mitsegeln, einen kleinen Törn auf der Ostsee unternehmen oder wenigstens einmal aus dem Hafen hinausshippern? Vielleicht ergibt sich ja die Möglichkeit, denn in den Häfen von Burgstaaken und Orth werden so genannte **Schnuppertörns** angeboten. Allzu viele seglerische Vorkenntnisse muss dafür niemand haben, aber es ist sehr sinnvoll, wenn man wenigstens die wichtigsten Grundbegriffe des Segelns kennt.

Pfeif-Verbot beim Segeln

Und wenn es dann endlich losgeht, muss auch eine „Landratte" die **seemännischen Bräuche** beachten, sonst fängt man sich schnell einen deftigen Anpfiff ein.

Also, bereits beim **Einsteigen aufpassen,** besonders die kleinen Schiffe sind ziemlich „kabbelig", soll heißen, sie schwanken sehr leicht. Mit forschem Schritt schnellstmöglich in die Mitte gelangen, im Zweifel hinhocken, möglichst **nicht zu weit außen langbalancieren.** Die kleinen Jollen kippen dann sofort weg und Sie ins Wasser. Wichtig sind auch **Schuhe** ohne grobes Profil – hier können sich Steine festsetzen, die den Boden zerschrammen.

An Bord hat nur einer das Sagen – das ist der Mann, der das Ruder führt. Hier gibt es keine zwei Meinungen, also **Anweisungen befolgen** und nicht lange über Sinn und Unsinn diskutieren. Der Rudergänger muss freie Sicht haben, also **nicht im Weg stehen,** sondern brav an die Seite setzen, aber auch nicht alle Mann auf eine ...

Kein Mensch erwartet, dass ein Neuling all die **seemännischen Begriffe** kennt, aber eine Leine ist kein „Band" oder Ähnliches, und steue-R-bord (R-echts) sollte man schon von backbord (links) unterscheiden können. Außerdem: Vorne ist das Bug, hinten das Heck.

An Bord darf man **rauchen,** aber der Käpt´n muss seine Zustimmung geben. Und wenn es dann endlich **„einen aus der Buddel"** gibt, wird der erste Schluck immer über Bord gekippt und Rassmus (dem Meeresgott der Wikinger) geopfert. Und, ganz wichtig, **ja nicht an Bord pfeifen!** Das lockt nur den Klabautermann an und gibt starken Wind.

Hat man schließlich den ersten Törn erfolgreich abgeschlossen, wieder in den Hafen zurückgefunden und sauber angelegt, dann **nicht gleich von Bord laufen.** Zuerst müssen die Segel eingeholt und verstaut werden, und dann gibt's ja auch noch den „Festmacherschnaps".

Krabben-Salat

„Ein **Krabbenbrötchen,** bitte schön", „Jo, dat mokt fiev Maak, bidde". Das 5-Mark-Stück über den Tresen geschoben, das Brötchen in der Faust balanciert, randvoll gepackt mit den kleinen, rötlichen Tierchen. Nun herzhaft hineingebissen und hoffentlich nicht zu viele herunterpurzeln lassen. Mhhmm, das schmeckt! Aber auch nicht ganz billig. Tja, liebe Nicht-Insulaner, das hat seinen Grund. Wahrscheinlich hat die Krabbe, die Sie gerade verspeisen, einen längeren Weg nach Fehmarn zurückgelegt als Sie selbst.

Die *Crangon crangon* oder *Granat* oder auch **Nordseekrabbe** ist nur eine von annähernd 2000 Arten des so genannten Zehnfußkrebses, die überwiegend im Meer leben. Die meisten Arten sind relativ klein, vielleicht zwei Zentimeter, eher kleiner und haben eine etwas rötliche Farbe. In der **Ostsee** werden übrigens selten Krabben gefangen, *Palaemon squilla* genannt, aber die landen dann zumeist in Konserven.

Krabben werden draußen **auf dem Meer** gefangen und landen sofort im Kochtopf. Dort werden sie abgekocht und mit Benzoelsäure beträufelt, ohne diese Behandlung würden sie gerade einen Tag halten. In dem Kessel bekommen die Tierchen auch ihre unverwechselbare rötliche Farbe.

Dann geht's an Land, und sofort wird die Ware an einen **Verarbeitungsbetrieb** weitergegeben. Der garantiert die Abnahme. Früher wurden die Krabben nun gepult und an die verschiedenen Händler weiterverkauft.

Der Großabnehmer kalkuliert anders, packt die gesamte Fracht in einen Kühlwagen und transportiert die **Krabben nach Polen.** Dort wird jetzt gepult, der Kühlwagen bringt das herausgepulte Krabbenfleisch auf dem Rückweg mit. Keine drei

Krabben, bereit zum Pulen

KRABBEN-SALAT

Tage dauert das Ganze. Die Händler versichern, dass die Kühlkette nirgends unterbrochen wird, die Ware in einwandfreiem Zustand sei. Das bestätigen auch Veterinäre.

Niederländische Unternehmen gehen noch einen Schritt weiter, sie lassen mittlerweile **in Marokko pulen.** Allein in Tanger, der Stadt, die schon in Sichtweite zum spanischen Festland liegt, verdienen sich 2000 Frauen ihr Geld damit. Sie schaffen es, die Ware eines ganzen Lkws innerhalb von sechs Stunden zu pulen, stolze 21 Tonnen!

Aus einem Kilogramm Krabben bleiben zum Schluss etwa 300 g Krabbenfleisch übrig. Und wohin mit dem **Abfall?** Eine schleswig-holsteinische Firma gewinnt aus den Krabbenschalen einen wertvollen Rohstoff, Chitosana. Der wiederum wird vielfältig eingesetzt, als Lösungsmittel in der Lackherstellung ebenso wie als Kompostbeschleuniger. Eine beachtliche Menge kommt da zusammen, immerhin werden allein an Schleswig-Holsteins Westküste jedes Jahr 4600 Tonnen Krabben gefischt.

In richtig **frische Krabbenbrötchen** beißen kann man auf Fehmarn also nicht, da müsste man an die Nordseeküste nach Büsum oder Husum fahren, am Hafen dem Fischer zwei Pfund abkaufen – und dann selber pulen!

Jimi Hendrix auf Fehmarn

Woodstock war gerade in Amerika über die Bühne gegangen, dort hatten 400.000 Jugendliche ein dreitägiges Fest gefeiert mit mehreren Dutzend Bands. Das können wir auch, dachten sich drei Jungunternehmer aus Kiel, und planten eine Art **deutsches Woodstock.** Internationale Stars wie Ten Years After, Canned Heat, Mungo Jerry, Sly and the Family Stone, Taste, aber auch damals erfolgreiche nationale Größen wie Frumpy oder Floh de Cologne wurden engagiert, und als Superstar Jimi Hendrix! Sie alle sollten auf einem Acker vor dem Flügger Strand auf der Insel Fehmarn spielen. Die drei Organisatoren gingen ans Werk, naiv oder einfach clever, wer weiß. Sie konnten mehrere der damals bekanntesten Bands verpflichten. Auch der „Rest" der Organisation „stand" irgendwann. Die Presse blieb skeptisch, die Fans jubelten. Sollten sie wirklich alle kommen? Sogar Superstar *Jimi Hendrix?* Das klang zunächst so unglaublich, dass die Macher schließlich sogar die Verträge in der Presse veröffentlichten.

Vom 4.-6. September 1970 fand das Festival statt, der **Wetterbericht** versprach einen sonnigen Spätsommer. Das wurde nun ganz und gar nicht

eingehalten, es regnete und stürmte drei Tage lang, dass sich jeder nur wunderte, wieso alle trotzdem dablieben.

Niemand hatte Erfahrungen mit der **Organisation eines Festivals dieser Größe.** Die Leute kamen auf die Wiese, bauten Zelte auf, lagerten, campierten irgendwie, eine riesige, unorganisierte Zeltstadt entstand. Waschräume und Klos gab es zwar, auch Getränke und Verpflegung, aber von allem zu wenig. Die Leute vertrieben sich irgendwie die Zeit, Haschpfeifen kreisten, man harrte der Dinge. Und immer wenn eine Gruppe auftrat, war sowieso alles „love und peace".

Nass geregnet, in klammen Klamotten, und die Musik teilweise vom Winde verweht. So die äußeren Bedingungen. Egal, sagen Beteiligte, bekommen ein Leuchten in den Augen und schwärmen von einem nie dagewesenen **Gemeinschaftsgefühl,** dass sich während des Festivals entwickelt hätte. „Viel dope, viel Leerlauf, viel Regen, viel Spaß trotzdem", so zeigt es sich in der Erinnerung vieler. Verbindend wirkte auch das gemeinsame Warten auf **Jimi Hendrix.** Und er kam auch tatsächlich. Die Kieler Nachrichten schrieben später: „Trotz Regen und Sturm: Jimi kam, und die Fans jubelten". Bis dahin musste man sich aber lange in Geduld üben. Jimi spielte schließlich am Sonntag mittag, genau 75 Minuten lang, damit sogar eine Viertelstunde länger, als vertraglich vorgesehen.

Hendrix' Auftritt war der erhoffte Höhepunkt, aber kurze Zeit danach ging das Festival komplett den Bach hinunter. Die Organisatoren hatten aus-

Jimi-Hendrix-Gedenkstein

gerechnet eine schlagkräftige Gruppe von **Hamburger Rockern als Ordner** angeheuert. Die kamen auch und gleich mit mehr Mann als vorgesehen und hatten ganz schnell das Kommando übernommen. Als die Situation zu eskalieren drohte, konnten einige mit Geld und guten Worten wieder nach Hamburg zurückgeschickt werden. Die verbliebenen Rocker forderten am Sonntag ihren Lohn ein, den gab's aber nicht. Ein Gerücht machte schnell die Runde, nämlich dass die Organisatoren mit der Kasse verschwunden seien. Am Abend dann entlud sich die Rocker-Wut, sie brannten die Organisationszentrale ab. Damit war das Festival gelaufen, eigentlich hätte es noch bis Mitternacht gehen sollen.

Der „Spiegel" schrieb später als **Resümee des Festivals:** „Fehmarn wurde kein deutsches Woodstock ...", und „Es war ein Festival der Fehlplanungen, ein Stelldichein unfähiger Organisatoren, brutaler Ordner und einer apathischen Menge ...". Soweit die Meinung der Presse. In den Erinnerungen der Beteiligten dominieren ganz andere Eindrücke: eine grandiose, alles überbrückende Stimmung, entstanden aus dem gemeinsamen Dem-Wetter-Trotzen, dem Wunsch nach guter Musik und der Sehnsucht nach Love and Peace. Das mag der „Spiegel"-Redakteur mit apathisch verwechselt haben. Die drei Organisatoren waren am Ende hochverschuldet, der Acker am Flügger Strand erholte sich irgendwann wieder, und auch auf Fehmarn ging das Leben weiter.

Tragischerweise verstarb der Protagonist dieses Festivals nur 12 Tage später in London, so wurde das Fehmarner Festival zu **Jimi Hendrix' letztem Auftritt.** Zur Erinnerung daran steht nun auf besagtem Festival-Acker vor dem Flügger Strand ein Gedenkstein.

Und seit 1995 wird alljährlich im September ein **Jimi-Hendrix-Revival-Festival** durchgeführt, eine späte Versöhnung mit den damals skeptisch betrachteten „Hippies".

Karibik-Urlaub an der Ostsee

So etwa Ende der 60er Jahre, Anfang der 70er war's. Erste Exkursionen Richtung Adria und Costa Brava wurden erfolgreich bewältigt, man war wieder wer und hatte Arbeit. Und damit auch Urlaub. Und den sollten die Bundesbürger nun nicht ständig im sonnigen Süden verbringen, dachten sich einige **Großinvestoren an Schleswig-Holsteins Küsten.** Es gibt genügend Ostsee-Fans, aber wir müssen denen etwas bieten. Etwas völlig Neues, noch nie Dagewesenes. Ein Zimmer mit Kochgelegenheit lockte schon damals niemanden mehr hinterm Ofen hervor. Nein, es musste irgend etwas Größeres sein, Besseres vor allen Dingen. Beinahe zeitgleich entstanden so mehrere Projekte entlang der Ostseeküste. Zwar war die Umsetzung durchaus unterschiedlich, aber die Grundtendenz doch überall ähnlich: Hauptsache Größe! Das hieß entweder, in die Höhe bauten, oder in die Breite gehen.

Auf **Fehmarn** ging man in die Höhe. Am Südstrand entstanden 1971 drei Hochhausriesen mit 17 Etagen! Wer sich heute dieser Anlage nähert, glaubt, eine geschlossene Betonwand vor sich zu sehen, kein einziges Fenster ist erkennbar. Das immerhin hat der Architekt umgesetzt, alle Ferienwohnungen haben Meeresblick, kein einziges Fenster öffnet sich zur Landseite. Natürlich, wer ganz oben wohnt, genießt wahrlich einmalige Ausblicke.

Auf dem nahen ostholsteinischen Festland in **Heiligenhafen** weihten die Planer im gleichen Jahr eine ähnliche Anlage ein. Hier zog man aber nicht drei Betonfinger gen Himmel, sondern sich allmählich verbreiternde Gebäude, allerdings auch über etliche Stockwerke hoch. Neben den modernen Ferienwohnungen wurde ein komplettes Freizeit- und Versorgungszentrum geschaffen mit Kneipen, Wellenbad und diversen weiteren Angeboten.

Nur wenige Kilometer entfernt entstand die nächste Ferienanlage, **Weißenhäuser Strand.** „Das Ostseebad der vier Jahreszeiten – 365 Tage geöffnet", so lautet die Eigenwerbung, und die dahinterstehende Philosophie wird rasch deutlich, viele der angebotenen Aktivitäten finden unter Glas, also drinnen statt. So entstand ein subtropisches Badeparadies mit konstanten Karibik-Temperaturen, eine Shopping-Meile unter Glas (Dünenpassage), eine Freizeithalle mit breitem Angebot, und auch genügend Lokale locken zum Indoor-Drink. Bei den Unterkünften wählten die Macher hier die Breite, keine Hochhausriesen ragen in den Himmel. Dafür sind die Wege etwas weiter, aber die Häuser erreichen dadurch einen höheren individuellen Charakter.

Dieser wird in **Damp** noch stärker postuliert, baute man doch hier, an der nördlichen Ostseeküste, 292 einzelne Ferienhäuser. Diese liegen in einem geschickt bepflanzten Bereich, so dass der Gast wenig vom Nachbarn mitbekommt. Das ist aber nur ein Teil der 1973 eröffneten Anlage, die unter dem prophetischen Namen „Damp 2000" startete. Wahrscheinlich sollte das Entstandene richtungsweisend wirken, was es auch war, jedenfalls nach Maßstäben im dörflichen Schleswig-Holstein. Neben den eben erwähnten Ferienhäusern entstanden ein Apartmentkomplex mit 423 Einheiten, der sowohl in die Höhe als auch in die Breite ging, weiterhin eine Reha-Klinik mit 925 Betten und die Ostseeklinik mit

367 Betten. Eine gigantische Betonlandschaft, die sich da an der Küste erhebt, links und rechts gibt's nur kleine Dörfer und Getreideäcker. Aber auch hier relativiert es sich recht schnell. Die ganze Anlage ist autofrei, ein schöner Strand verläuft direkt vorbei, ein großer Seglerhafen, ein Meerwasser-Wellenbad, ein subtropisches Badeparadies und jede Menge Spiel und Spaß bis hin zu einem eigenen Kinder-Restaurant runden das Angebot ab.

Natürlich, alle Komplexe sind **künstliche Ferienwelten,** mehr oder weniger gelungen in die Landschaft gesetzt. Viel Beton und wenig Typisches, keine Frage. Hier ist alles künstlich, die Luft, die Sonne, das Programm, die Pflanzen. Aber das dazugehörende Angebot ist groß und vor allem witterungsunabhängig. Lass den Regen doch draußen aufs Dach pladdern, sagen sich die Gäste, wir hocken hier schön mollig warm drinnen. Und für Kinder kann es kaum ein vielfältigeres Programm geben. Karibik-Urlaub an der Ostsee wird beinahe wahr, ohne langen Flug und lästige Impfungen. Und billiger kommt es auch noch. Nun gut, ganz so simpel darf man es wohl nicht sehen. Das Angebot wird jedenfalls erkennbar angenommen, der viele Beton verdrängt und die Kunstwelt genossen.

Die erfolgreicheren Anlagen wurden ständig modernisiert und erweiterten entsprechend den aktuellen Trends ihre Angebote. Wer da nicht mitzog, blieb auf der Strecke, wie beispielsweise das **Ferienzentrum Holm,** unweit von Kiel. Ein leerer Hochhauskasten, in den sich schon lange keine Urlauber mehr verirren.

Man muss diese Anlagen ja nicht mögen. Aber ein **Blick über die Ostsee** aus dem siebzehnten Stock, also, mal ehrlich, möchten Sie nicht auch mal? Nur ein einziges Mal?

Künstliche Ferienwelt in Damp

Das Paradies Fehmarn

„Ich habe dort Bilder gemalt von absoluter Reife, soweit ich das selbst beurteilen kann. Ocker, Blau, Grün sind die Farben von Fehmarn, wundervolle Küstenbildungen, manchmal von Südseereichtum, tolle Blumen mit fleischigen Stielen ..."

Derart schwärmerisch urteilte ein gerade 32-jähriger Maler über sein Werk. **Ernst Ludwig Kirchner** hieß der junge Mann, eigentlich ein Stadtmensch, den es in die tiefste dörfliche Provinz verschlagen hatte. Hier, so schwärmte er, habe er sein irdisches Paradies gefunden. Das will ja was heißen – wer war der Mann?

Ernst Ludwig Kirchner wurde am 6. Mai 1880 in Aschaffenburg geboren. Wie es so oft passiert, lernte er erstmal „was Vernünftiges", absolvierte ein Studium als Architekt, das er 1905 mit der Diplomprüfung beendete. Schon lange beschäftigte er sich mit der Malerei, ein Autodidakt.

In Dresden traf *Kirchner* auf Gleichgesinnte, die die starren preußischen Lebenswelten ablehnten und etwas Neues suchten. Am 7. Juni 1905 gründeten vier junge Menschen die **Künstlergemeinschaft „Brücke".** Neben *Kirchner* waren dies *Erich Heckel, Karl Schmidt-Rottluff* und *Fritz Bleyl*. Sie versuchten, neue Mal- und Ausdruckstechniken zu finden, später spricht die Fachwelt von dem Beginn des Expressionismus. Ein kühnes, fast wagemutiges Unterfangen, zählten die vier doch alle knapp über 20 Jahre und versuchten, aus dem Stand heraus als freischaffende Künstler zu überleben. Und damals zumindest war niemand von ihnen bekannt, konnte schwerlich von seinen Künsten leben. Sie mieteten ein Atelier in einem leerstehende Fleischerladen und legten los – Gründereuphorie eben.

Um bekannter zu werden – und wohl auch, um ökonomisch zu überleben, wurden passive Mitglieder geworben. Diesen wurde eine jährliche Mappe mit exklusiven Arbeiten versprochen – gegen monetäre Unterstützung in Form einer Vor-

DAS PARADIES FEHMARN

auszahlung. Größenwahn oder gesundes Selbstbewusstsein? Immerhin konnte die „Brücke" einen damals durchaus schon renommierten Maler gewinnen, *Emil Nolde*. Auch *Max Pechstein* schloss sich 1906 der „Brücke" an. 1907 schied Nolde bereits wieder aus, auch *Fritz Bleyl* wählte die bürgerliche Karriere eines Lehrers.

Im Sommer 1908 zog es die Künstler raus aus der Stadt in die dörfliche Idylle, so fuhr **Kirchner erstmals auf die Insel Fehmarn.** Ein größerer Kontrast war damals kaum denkbar, aus der kunstsinnigen Großstadt Dresden in die preußische Provinz im hohen Norden, auf die damals kaum bekannte Insel Fehmarn. *Kirchner* kam mit seiner Freundin, wohnte in der Villa Port Arthur **in Burg** und war vom Fleck weg begeistert. Täglich streifte er durch die Straßen, malte Häuser, die Nikolaikirche, die Himmelsfarben und was ihm sonst so auffiel.

Bestimmte Stellen, an denen er malte, sind heute extra markiert. Dort wurde eine Kopie seines Bildes aufgestellt. Der **heutige Betrachter** schaut also dem Künstler quasi über die Schulter, vergleicht geschaffenes Bild mit dem Originalmotiv. So beispielsweise die Nikolaikirche, gesehen und gemalt von der Süderstraße.

Zurück in Dresden, folgten erste Ausstellungen, die Jahresmappen wurden umfangreicher, die Künstler kehrten von ihren animierenden Sommerzielen zurück. 1910 stieß *Otto Müller* zur Brücke, die ersten Mitglieder zogen um **nach Berlin,** 1911 folgte die gesamte Gruppe. Langsam stellen sich erste Erfolge ein, mehrere Ausstellungen und die mittlerweile sechste Mitgliedsmappe waren das Ergebnis.

1912 reiste Kirchner **wieder nach Fehmarn.** In Begleitung seiner Freundin zog es den Maler in einen der abgelegensten Winkel der ganzen Insel, nach **Staberhuk.** Dort im äußersten Südosten Fehmarns wohnte er wochenlang beim Leuchtturmwärter und seiner großen Familie. Kirchner fühlte sich so glücklich wie noch niemals zuvor in seinem Leben. Täglich zog er über die Felder, entlang der Steilküste und malte alles, was ihm vor die Staffelei kam. Er baute sich eine Hütte am Strand, lebte völlig zufrieden im Einklang mit der Natur, zeichnete auch diverse Male die Töchter des Leuchtturmwärters. Unzählige Landschaftsbilder und Akte entstanden, aber auch Holzschnitzereien. Ein größerer Kontrast zum quirligen Berliner Großstadtleben ließ sich damals kaum denken. Kirchner schätzte diese Idylle derart, dass er in drei aufeinanderfolgenden Jahren wiederkam.

Im Herbst ging es zurück nach Berlin, um das Ergebnis der Sommerarbeiten zusammenzutragen. 1913 schrieb Kirchner im Auftrag der anderen Mitglieder eine Chronik der „Brücke", aber diese fand nicht deren Billigung. Kirchner hätte seine Position zu stark in den Vordergrund gestellt. Daraufhin wurde die **„Brücke" aufgelöst.**

Kirchner reiste im Sommer erneut **nach Fehmarn** und wiederholte seine Erfahrungen vom Vorjahr. Und auch 1914 verbrachte er den Sommer wieder beim Leuchtturmwärter auf Fehmarn, seinem „irdischen Paradies". Insgesamt 125 Bilder entstanden in den drei Fehmarn-Jahren, das entspricht knapp einem Zehntel seine Lebenswerkes. Kirchner erlebte auf Fehmarn eine Freiheit, die er später nie wieder so genießen sollte, teilweise verglich er die Ostseeinsel mit einem Südseeparadies.

Der Kontrast hätte kaum größer sein können, 1915 wurde er **zum Militär einberufen.** Raus aus der Freiheit, rein in soldatische Enge und Gehorsamkeit. Die Folge: Kirchner erlitt nach einigen Monaten einen Nervenzusammenbruch und schied aus. Die nächsten zwei Jahre verbrachte er u.a. in einem Sanatorium.

1917 zog er um in die Schweiz, nach **Davos.** In den folgenden Jahren entstanden viele großartige Werke, jetzt geprägt von der Schweizer Bergwelt, sogar eine neue Künstlergruppe entstand: „Rot-Blau". Aber immer noch träumte er von Fehmarn, plante immer wieder einen erneuten Besuch, aber dazu kam es nicht. Kirchner hatte Erfolg, wurde

DAS PARADIES FEHMARN

Fehmarns Naturstrand

1931 Mitglied der Preußischen Akademie der Künste in Berlin.

Dann der **Schock durch die Nazis:** 1937 wurden 639 Werke *Kirchners* beschlagnahmt, 32 Arbeiten sogar gezielt als „entartete Kunst" vorgestellt. Ein Jahr später war *Kirchner* völlig verzweifelt und wählte am 15. Juni 1938 den **Freitod.**

Was bleibt, sind drei glückliche Sommer auf Fehmarn, die Kirchner als paradiesisch empfand und in denen **unvergleichliche Bilder** entstanden. Einige davon sind heute noch im Landesmuseum Schleswig ausgestellt, etwa zwei Stunden Autofahrt von Fehmarn entfernt. Wer nicht ganz so weit fahren möchte, besorge sich die Broschüre „Kirchner Insel Fehmarn", in der vier Rad-Fußwege ganz gezielt zu seinen Motiven eingezeichnet sind. Hier wandelt man wirklich hautnah auf des Meisters Spuren.

Fehmarn – britisch oder russisch?

Fehmarn lag schon immer etwas abseits vom großen Weltgeschehen, und das bekam der Insel und den Bewohnern auch ganz gut. Nur vereinzelt schwappten **politische Wellen an Fehmarns Küste,** und die brachten zumeist nichts Gutes. So im Dreißigjährigen Krieg, als kaiserliche Truppen die Insel heimsuchten, oder als ein Dänenkönig mal wieder Gelüste auf die kleine Insel bekam. Aber so richtig in die Weltpolitik rückte Fehmarn nur einmal, im Jahr 1944.

Schon zwei Jahre vor der Kapitulation der Deutschen Wehrmacht begannen die Alliierten darüber zu beraten, was aus einem besiegten Deutschland werden solle. Militarismus und Nazismus sollten zerstört werden, beschlossen *Churchill, Roosevelt* und *Stalin* auf der Konferenz von Jalta im Februar 1945. Die Details wurden bereits seit Januar 1944 von einer **Kommission der drei Mächte** beraten, der European Advisory Commission. Ihr gehörte auch ein gewisser *Lord Strang of Stonesfield* an. Die Kommission entwickelte Pläne für die Verwaltung und Entmilitarisierung Deutschlands, die später auf Jalta beschlossen wurden.

Schon damals wurde vorgeschlagen, **Deutschland in drei Besatzungszonen aufzuteilen.** Den

FEHMARN – BRITISCH ODER RUSSISCH?

Sowjets wurde der östliche Teil überlassen, man orientierte sich ganz pragmatisch an den bestehenden Ländergrenzen. Dies wurde in einem Protokoll am 12. September 1944 festgeschrieben.

Auf einer **Landkarte,** die als Karte A im Anhang dieses Protokolls eingefügt wurde, ist ganz genau der Grenzverlauf festgehalten – „Annex on protocol on zones of occupation of Germany and the administration of Greater Berlin" (Anhang zum Protokoll über Besatzungszonen in Deutschland und die Verwaltung von Groß-Berlin). Klar erkennbar ist in dieser Karte, dass die Grenze zur „Ostzone" an der Lübecker Bucht enden sollte, sich an der alten Landesgrenze Schleswig-Holsteins zu Mecklenburg orientiend.

Und genau darüber gab's Streit. Die sowjetische Seite wollte die Grenze ein paar Kilometer weiter westlich enden lassen, um **Fehmarn in sowjetisches Gebiet zu bekommen.** Das wäre strategisch höchst interessant für die Sowjetunion gewesen, aber *Lord Stonesfield* weigerte sich, dieser Forderung nachzugeben. Beharrlich wies er darauf hin, dass die Insel schon immer zum Gebiet des heutigen Schleswig-Holstein gehörte und dass der Grenzverlauf aller Zonen sich an den alten Ländergrenzen orientierte. So solle es auch hier bleiben. Angeblich hatte die britische Regierung dem Ansinnen schon nachgegeben – was soll ein Streit um dieses Inselchen? –, aber **Lord Stonesfield blieb hart** und setzte sich durch!

Das hatte zur Folge, dass Fehmarn nach dem Krieg die einzige vom Westen aus erreichbare deutsche Ostsee-Insel war, die ostdeutschen Inseln verschwanden hinter dem Eisernen Vorhang. Damit wurden die späteren **Touristenströme** umgeleitet, nicht gerade zum Nachteil von Fehmarn.

Fehmarn sollte hinter dem
Eisernen Vorhang verschwinden

Viele Jahre später, als der Touristen-Boom eine neue Ära auf Fehmarn einläutete, wollten die **Insulaner ihrem „Retter"** danken. Die Einladung zu einem Besuch der Insel musste der 75-jährige bedauernd ablehnen – zu anstrengend. Dafür reiste eine Fehmarner Delegation nach London und überbrachte einen Zinnteller und ein Inselrelief.

Jahrzehnte später waren nach dem Fall der Mauer **Rügen und Usedom wieder erreichbar.** Abermals eine Herausforderung für Fehmarns Touristiker, ihren in der alten BRD gepflegten Status als „einzige" Ostseeinsel verloren sie über Nacht. Neue – alte – Ziele taten sich auf, wurden angenommen. Die Zukunft wird zeigen, ob Fehmarn den Wettbewerb erfolgreich annehmen kann.

Eine am Burger Heimatmuseum angebrachte Gedenkplatte erinnert an den standhaften Lord.

Raps-Ody in Gelb

Alle Jahre wieder das gleiche beeindruckende Schauspiel: Ab Mitte Mai verwandeln sich viele Gegenden in Schleswig-Holstein in ein knallgelbes Meer, der Raps blüht! Diese Farbenpracht dauert etwa vier Wochen, und auf Fehmarn wird gleich ein riesiges Fest daraus gemacht. In Petersdorf tobt ein ganzes Wochenende die Fete nach dem Motto: **„Rapsody in Gelb".** Höhepunkt ist dabei die Krönung einer Rapsblütenkönigin.

Viel Aufhebens um die **Rapspflanze,** die laut trockenem Lexikon-Text nichts weiter als eine Kreuzung aus den beiden Kreuzblütlern Rübsen und Kohl ist und auf eine Höhe von 60 bis 170 cm heranwächst. Die gelben Rapsblüten sehen äußerst schön aus, aber viel wichtiger sind die kleinen braunen Schoten. Diese enthalten 8-12 stecknadelgroße schwarze Körner und nur diese Winzlinge werden geerntet. Aus denen wird Öl herausgepresst, was hauptsächlich zu **Speiseöl**

RAPS-ODY IN GELB

verarbeitet wird. In Zahlen: Etwa 3000 kg Saatertrag pro Hektar (ein Hektar= 100 x 100 Meter) lässt sich erzielen, gut 43% davon als Ölertrag, d.h. also 1300 kg Speiseöl. Um eine plastische Vorstellung davon zu geben, folgendes Beispiel: 1 kg Speiseöl entspricht einer Literflasche. Wer also im Mai vor einem blühenden Rapsfeld steht, sollte einmal 100 Meter zur Seite gehen und dann noch einmal 100 Meter in die Tiefe. Diese Fläche Raps ergibt 1300 Flaschen Rapsöl!

Seit einigen Jahren wird Rapsöl aber auch zur Herstellung von Kraftstoff verwendet, so genanntem **Biodiesel.** Die Inselbahn auf der Nordseeinsel Borkum fährt schon seit mehreren Jahren mit Biodiesel aus Rapsöl. Aber nicht nur da, Mitte 1998 boten immerhin 700 Tankstellen in Deutschland Biodiesel an. Wer will, kann also mit seinem Diesel-Pkw nach einer nicht zu teuren Detail-Umrüstung an die Zapfsäule rollen und statt herkömmlichen Diesel umweltschonend tanken. Denn das bleibt unbestritten, umweltschonender ist Biodiesel allemal: Rußpartikel fallen kaum an, krebserzeugende Stoffe ebenso wenig und die CO_2-Bilanz ist ausgeglichen. Was der Auspuff hinten rausbläst, verbraucht die nachwachsende Pflanze wieder, klarer Vorteil hier für Biodiesel. Auch der Geruch ist wahrlich ungewöhnlich, fast wie in einer Frittenbude!

Die Schattenseiten: Biodiesel kommt in der Herstellung deutlich teurer, zuletzt knapp 35 Cent pro Liter teurer als herkömmlicher Diesel, wäre damit niemals konkurrenzfähig auf dem Markt. Um diesen Nachteil auszugleichen, hat der Finanzminister die Mineralölsteuer auf Biodiesel komplett gestrichen, damit nähert sich der Biodiesel-Preis dem Dieselpreis stark an.

Als vor Jahren die Getreideproduktion EU-weit überhandnahm, trat 1992 eine besondere Brüsseler EU-Verordnung in Kraft: Die Landwirte bekamen Geld dafür, dass sie nichts mehr anpflanzten und Flächen stilllegten. Immerhin 383 Euro pro

Hektar rückte Brüssel heraus, nur damit die Bauern auf ihren Feldern kein Getreide mehr anpflanzten. Aber auch **Rapsanbau** wird subventioniert. Ohne Verlust der Stillegungsprämie konnten Landwirte auf ihren eigentlich nicht mehr genutzten Feldern Raps anbauen, aber nur, wenn sie diesen Raps der Industrie zur Herstellung von Biodiesel zur Verfügung stellten.

Rapsanbau also nur wegen EU-Geldern? Nein, das greift viel zu kurz. Vergessen wird schnell, dass auch Erntekosten dazu kommen und dass Brüssel auch anderes Getreide subventioniert. Nein, Raps hat Qualitäten, die jeder Landwirt nutzen kann. Die Pflanze sammelt Stickstoff aus der Luft und führt sie dem Boden zu. Wenn im nächsten Jahr Weizen oder Gerste auf den Flächen angebaut werden, nimmt dieses Getreide den Stickstoff dankend auf. Weizen wächst somit besonders gut auf Äckern, wo ein Jahr vorher Raps blühte. Der Bauer spart so echte Kosten, um gut 1/3 reduziert sich so sein Mineraldüngereinsatz.

Immer mehr Bauern bauten tatsächlich Raps an, 1998 blühten in Deutschland auf 950.000 Hektar die gelbe Pracht, etwa drei Millionen Tonnen Raps wurden 1998 in Deutschland geerntet, woraus etwa 1,2 Mio. Tonnen Rapsöl hergestellt wurden. Der überwiegende Teil davon ging in die Lebensmittelproduktion (85 %).

Und noch eine interessante Zahl: Aus Rapsschrot, 1700 kg pro Hektar, stellt man hochwertiges, proteinhaltiges Tierfutter her, das hauptsächlich an Rinder verfüttert wird. Was also im Mai leuchtend gelb blüht, ist am Ende geballte Energie, ein wichtiger Bestandteil unserer Nahrung.

Raps wird bis zum 11. September **gesät,** später nicht mehr. Bis zum ersten Frost wächst er auf 20-30 cm. Dieses vorwinterliche Wachstum dient der Pflanze als Winterreserve, sie friert nämlich völlig ab. Wer ein Rapsfeld im März sieht, glaubt verdorrtes Unkraut zu erkennen. Das täuscht aber gewaltig, das ist nur der Raps in der Winterruhe. Sobald

Raps-Ody in Gelb

es wärmer wird, schießt die Pflanze förmlich hoch, teilweise wächst sie bis zu 10 cm pro Tag.

Selbst wenn überhaupt kein Geld mehr aus Brüssel fließen sollte, ist es sinnvoll, weiterhin Raps anzubauen, allein schon um den Boden zu entlasten und die Fruchtfolge einzuhalten (Raps, Weizen und Gerste). Also wird sich Fehmarn auch weiterhin im Mai ein knallgelbes Kleid anziehen, und sei es nur zur Bodenpflege.

Rapsfeld mit der Kirche von Petersdorf

Anhang

Anhang

Literaturhinweise

- *Einfeldt, Thomas:* **Störtebekers Gold.** Hannes Maiboom, Störtebekers Schreiber, kann bei Störtebekers Gefangennahme gerade noch rechtzeitig entkommen. Viele Ostseehäfen besucht er, u.a. auch Fehmarn. Der Leser erfährt so detailgenaue Einblicke in die städtische Ordnung vor 600 Jahren. Kabel Verlag, München 1998.
- *Fründt, Hans-Jürgen:* **Ostseeküste Schleswig-Holstein.** Reiseführer über die gesamte schleswig-holsteinische Ostseeküste von der Lübecker Bucht bis zur Flensburger Förde. Reise Know-How Verlag, Bielefeld.
- *Fründt, Hermann und Hans-Jürgen:* **Plattdüütsch – das echte Norddeutsch.** Vom Autor des vorliegenden Bandes, gemeinsam mit seinem Vater geschrieben. Reihe Kauderwelsch, Reise Know-How Verlag, Bielefeld.
- *Holfelder, Moritz:* **Das Buch vom Strandkorb.** Unterhaltsames und Informatives zum „eigentümlich bergenden Sitzgehäuse" (Thomas Mann), ein vergnüglicher Lesespaß. Husum Verlagsgesellschaft, Husum 1998.
- *Hubrich-Messow, Gundula:* **Sagen und Märchen von der Insel Fehmarn.** Auf Inseln lebt der Aberglaube oftmals ein bisschen heftiger, kein Wunder, dass die Autorin 81 Sagen und Märchen zusammentragen konnte. Sowohl mythische als auch historisch belegte Gestalten werden vorgestellt. Eine schöne Sammlung, die auch geschichtliche Einblicke gewährt. Husum Verlagsgesellschaft, Husum 1998.
- *Klahn, Karl-Wilhelm:* **Fehmarn, eine Insel im Wandel der Zeiten.** Einen weiten geschichtlichen Bogen vom Dänenkönig Waldemar II., der 1210 eine Burg auf der Insel baute, bis zum touristischen Fehmarn heute spannt der Autor. Mit vielen historischen Fotos, ergänzt um knappe, erzählerische Texte. Wachholtz Verlag, Neumünster 1996.
- *Schmidt, Thorsten:* **Jimi Hendrix und der Sturm auf Fehmarn.** Das Buch widmet sich dem Love and Peace Festival von 1970, Hendrix' letztem Auftritt. Etliche Beteiligte kommen zu Wort, schildern den Verlauf der drei turbulenten Tage aus ihrer jeweiligen Sicht. Viele Original-Fotos, Zeitungsausschnitte und ein mehrseitiger Cartoon reflektieren das einzige legitime „Woodstock-Konzert" auf deutschem Boden. Kultur Buch Bremen, Bremen 1997.
- *Wolff, Anke:* **Fehmarn – Wo die Welt am schönsten ist.** Die Autorin, waschechte Fehmarnerin, kennt wie kaum jemand „ihre" Insel und berichtet von Alltagsmenschen, Künstlern und Auswanderern, die immer noch von Fehmarn träumen. Verlag Michael Jung, Kiel 2000.
- *Klahn, Karl-Wilhelm:* **Fehmarn – eine Bauerninsel als Trittstein zur Welt.** Der Autor, ehemaliger Eisenbahner, beleuchtet Fehmarns Historie unter verkehrsgeschichtlichen Aspekten. Gespickt mit interessanten alten Fotos und jeder Menge Insiderwissen. Wachholtz Verlag, Neumünster, 1999.

ANZEIGE 253

Wasser und Sand

Urlaubshandbücher für Wasserwanderer, Strandfans, Inselstürmer, Ostseeliebhaber und Leute, die einfach nur ausspannen wollen. Hunderte von Adressen, detaillierte Tipps, verlässliche, praktische Angaben: Urlaubshandbücher von REISE KNOW-HOW

Insel Usedom
240 Seiten, 18 Karten und Pläne, durchgehend illustriert,

Rügen/Hiddensee
336 Seiten, 16 Stadtpläne und Karten, durchgehend illustriert,

Ostseeküste Mecklenburg-Vorpommerns
360 Seiten, 18 Karten und Pläne, durchgehend illustriert

Wasserwandern in Mecklenburg und Brandenburg
20 Routen, 288 Seiten, 22 Karten und Pläne, durchgehend illustriert

REISE KNOW-HOW Verlag,
Bielefeld

Alle Reiseführer auf einen Blick

REISE KNOW-HOW

Reisehandbücher
Urlaubshandbücher
Reisesachbücher
Rad & Bike

Abenteuer
  Weltumradlung
Afrika, Bike-Abenteuer
Afrika, Durch
Agadir, Marrakesch
  und Südmarokko
Ägypten
Alaska ⌒ Canada
Algerische Sahara
Amrum
Amsterdam
Andalusien
Äqua-Tour
Argentinien mit
  Uruguay u. Paraguay
Äthiopien
Auf nach Asien!

Bahrain
Bali & Lombok
Bali, die Trauminsel
Bali: Ein Paradies
  wird erfunden
Bangkok
Barbados
Barcelona
Berlin
Borkum
Botswana
Bretagne
Budapest
Bulgarien

Cabo Verde
Canadas großer
  Westen mit Alaska
Canadas Osten,
  Nordosten d. USA
Chile, Osterinseln

China Manual
Chinas Norden
Chinas Osten
Costa Brava
Costa de la Luz
Costa del Sol
Costa Rica
Cuba

Dalmatien
Dänemarks
  Nordseeküste
Dominikan. Republik
Dubai, Emirat

Ecuador
  und Galapagos
England – Der Süden
Erste Hilfe
  unterwegs
Europa BikeBuch

Fehmarn
Föhr
Fuerteventura

Gardasee
Gomera
Gran Canaria
Großbritannien
Guatemala

Hamburg
Hawaii
Hollands
  Nordseeinseln
Honduras
Hongkong,
  Macau

Indien – Der Norden
Indien – Der Süden
Irland
Island
Israel, palästinen-
  sische Gebiete,
  Ostsinai
Istrien, Velebit

Jemen
Jordanien
Juist

Kairo, Luxor, Assuan
Kalifornien, Süd-
  westen der USA
Kambodscha
Kamerun
Kanada ⌒ Canada
Kapverdische Inseln
Kärnten
Kenia
Korfu, Ionische Inseln
Krakau, Warschau
Kreta
Kreuzfahrtführer

Ladakh
  und Zanskar
Langeoog
Lanzarote
La Palma
Laos
Lateinamerika
  BikeBuch
Libanon
Libyen
Litauen
Loire, Das Tal der
London

Madagaskar
Madeira
Madrid
Malaysia, Singapur,
  Brunei
Mallorca

Reise Know-How

Mallorca, Reif für
  Mallorca,
  Wandern auf
Malta
Marokko
Mecklenburg/
  Brandenburg:
  Wasserwandern
Mecklenburg-
  Vorpommern:
  Binnenland
Mexiko
Mongolei
Motorradreisen
München
Myanmar

Namibia
Nepal
Neuseeland
  BikeBuch
New Orleans
New York City
Norderney
Nordfriesische
  Inseln
Nordseeküste
  Niedersachsens
Nordseeküste
  Schleswig-
  Holstein
Nordseeinseln,
  Deutsche
Nordspanien
Nordtirol
Normandie

Oman
Ostfriesische
  Inseln
Ostseeküste
  Mecklenburg-
  Vorpommerns
Ostseeküste
  Schleswig-
  Holstein
Outdoor-Praxis

Panama
Panamericana,
  Rad-Abenteuer
Paris
Peru, Bolivien
Phuket
Polens Norden
Prag
Provence
Pyrenäen

Qatar

Rajasthan
Rhodos
Rom
Rügen und
  Hiddensee

Sächsische
  Schweiz
Salzburger
  Land
San Francisco
Sansibar
Sardinien
Schottland
Schwarzwald
  – Norden
Schwarzwald
  – Süden
Simbabwe
Singapur
Sizilien
Skandinavien
  – Norden
Sporaden,
  Nördliche
Sri Lanka
St. Lucia,
  St. Vincent,
  Grenada
Südafrika
Südnorwegen,
  Lofoten
Sylt
Syrien

Taiwan
Tansania, Sansibar
Teneriffa
Thailand
Thailand – Tauch-
  und Strandführer
Thailands Süden
Thüringer Wald
Tokyo
Toscana
Trinidad und Tobago
Tschechien
Tunesien
Tunesiens Küste

Umbrien
USA/Canada
USA/Canada BikeBuch
USA, Gastschüler
USA, Nordosten
USA – der Westen
USA – der Süden
USA – Südwesten,
  Natur u. Wandern
USA – Südwesten,
  Kalifornien,
  Baja California
Usedom

Venezuela
Vereinigte Arab. Emirate
Vietnam

Welt im Sucher
Westafrika – Sahelländer
Westafrika – Küste
Wien
Wo es keinen
  Arzt gibt

Alle Reiseführer auf einen Blick

Praxis

All Inclusive
Daoismus erleben
Dschungelwandern
Essbare
 Früchte Asiens
Fernreisen
 auf eigene Faust
Fernreisen mit dem
 eigenen Fahrzeug
Fliegen ohne Angst
GPS Outdoor-
 Navigation
Hinduismus erleben
Höhlen erkunden
Islam erleben
Kanu-Handbuch
Küstensegeln
Orientierung
 mit Kompass
 und GPS
Reisefotografie
Reisen und Schreiben
Richtig Kartenlesen
Schutz vor Gewalt
 und Kriminalität
Sicherheit im und
 auf dem Meer
Sonne, Wind
 und Wetter
Survival-Handbuch,
 Natur-
 katastrophen
Tauchen in kalten
 Gewässern
Tauchen in warmen
 Gewässern
Trekking-Handbuch
Vulkane besteigen
Wildnis-Ausrüstung
Wildnis-Küche
Winterwandern

Edition RKH

Finca auf Mallorca
Geschichten aus
 dem anderen
 Mallorca
Goldene Insel
Mallorquinische
 Reise, Eine
Please wait
 to be seated!
Salzkarawane, Die

KulturSchock

Ägypten
China
Indien
Iran
Islam
Japan
Marokko
Mexiko
Pakistan
Russland
Thailand
Türkei
Vietnam

Wo man unsere Reiseliteratur bekommt:

Jede Buchhandlung in der BRD, der Schweiz, Österreichs und in den Benelux-Staaten kann unsere Bücher beziehen. Wer trotzdem keine findet, kann alle Bücher über unseren Internet-Shop unter **www.reise-know-how.de** oder **www.reisebuch.de** bestellen.

Neu!
Landkarten von

In Zusammenarbeit mit der *Map Alliance* hat *Reise Know-How* jetzt das **World Mapping Project™** gestartet. Im Juni 2001 erschienen die ersten von über 200 neuen Landkarten, die die ganze Welt für Reisende abdecken. Alle Karten sind GPS-tauglich, mit Höhenlinien und -schichten und mit ausführlichem Ortsregister.

Derzeit sind lieferbar:

- ❏ Ägypten (1:1.250.000)
- ❏ Andalusien (1:650.000)
- ❏ Australien (1:4.500.000)
- ❏ Berlin – Ostsee (1:250.000)
- ❏ Costa Brava (1:150.000)
- ❏ Costa del Sol (1:150.000)
- ❏ Cuba (1:850.000)
- ❏ **Deutsche Ostseeküste (1:250.000)**
- ❏ Deutsche Nordseeküste (1:250.000)
- ❏ Dominikan. Republik (1:450.000)
- ❏ Gran Canaria (1:100.000)
- ❏ Guatemala, Belize (1:500.000)
- ❏ Indien (1:2.900.000)
- ❏ Kapverdische Inseln (1:150.000)
- ❏ Madeira (1:45.000)
- ❏ Mallorca (1:150.000)
- ❏ Malta, Gozo (1:50.000)
- ❏ Marokko (1:1.000.000)
- ❏ Mexiko (1:2.250.000)
- ❏ Namibia (1:1.250.000)
- ❏ Neuseeland (1:1.000.000)
- ❏ Polen (1:850.000)
- ❏ Sri Lanka (1:500.000)
- ❏ Südafrika (1:1.700.000)
- ❏ Teneriffa (1:120.000)
- ❏ Thailand (1:1.200.000)
- ❏ Tunesien (1:850.000)
- ❏ Voralpenland (1:250.000)

Alle Karten haben gefaltet das Maß 10 x 25cm (aufgefaltet 60 x 92cm), ein- oder beidseitig bedruckt und passen so in jede Westentasche, kein störender Pappumschlag.
Der Preis: € 7.90 [D].

Jetzt vorbestellen:

beim Buchhändler oder unter www.reise-know-how.de oder per Fax 0521-441047 (diese Seite kopieren und die gewünschte Karte ankreuzen).
Zustellung innerhalb der BRD kostenlos!

❏ Bitte halten Sie mich über den Fortgang des **World Mapping Project™** (60 weitere Karten in 2002) auf dem Laufenden.

HILFE!

Dieses Urlaubshandbuch ist gespickt mit unzähligen Adressen, Preisen, Tipps und Infos. Nur vor Ort kann überprüft werden, was noch stimmt, was sich verändert hat, ob Preise gestiegen oder gefallen sind, ob ein Hotel, ein Restaurant immer noch empfehlenswert ist oder nicht mehr, ob ein Ziel noch oder jetzt erreichbar ist, ob es eine lohnende Alternative gibt usw.

Unsere Autoren sind zwar stetig unterwegs und versuchen, alle zwei Jahre eine komplette Aktualisierung zu erstellen, aber auf die Mithilfe von Reisenden können sie nicht verzichten.

Darum: Schreiben Sie uns, was sich geändert hat, was besser sein könnte, was gestrichen bzw. ergänzt werden soll. Nur so bleibt dieses Buch immer aktuell und zuverlässig. Wenn sich die Infos direkt auf das Buch beziehen, würde die Seitenangabe uns die Arbeit sehr erleichtern. Gut verwertbare Informationen belohnt der Verlag mit einem Sprechführer Ihrer Wahl aus der über 140 Bände umfassenden Reihe „Kauderwelsch" (siehe unten).

Bitte schreiben Sie an: REISE KNOW-HOW Verlag Peter Rump GmbH, Osnabrücker Str. 79, D-33649 Bielefeld, e-mail: info@reise-know-how.de
Danke!

Kauderwelsch-Sprechführer –
sprechen und verstehen rund um den Globus

Afrikaans ● Albanisch ● Amerikanisch - *American Slang, More American Slang* ● Amharisch ● Arabisch - Hocharabisch, für Ägypten, Algerien, Golfstaaten, Irak, Jemen, Marokko, Palästina-Syrien, Sudan, Tunesien ● Armenisch ● *Bairisch* ● Baskisch ● Bengali ● *Berlinerisch* ● Brasilianisch ● Bulgarisch ● Balinesisch ● Burmesisch ● Cebuano ● Chinesisch ● Dänisch ● *Deutsch - Allemand, Duits, German, Nemjetzkii, Tedesco* ● *Elsässisch* ● Englisch - British Slang, Australian Slang, Canadian Slang, Neuseeland Slang, für Australien ● Esperanto ● Estnisch ● Finnisch ● Französisch - für Frankreich, für Restaurant & Supermarkt, für den Senegal, für Tunesien, *Französisch Slang, Franko-Kanadisch* ● Galicisch ● Georgisch ● Griechisch ● Guarani ● Hausa ● Hebräisch ● Hieroglyphisch ● Hindi ● Indonesisch ● Irisch-Gälisch ● Isländisch ● Italienisch - *Italienisch-Slang*, für Opernfans, kulinarisch ● Japanisch ● Javanisch ● Jiddisch ● Kantonesisch ● Kasachisch ● Katalanisch ● Khmer ● Kisuaheli ● Kinyarwanda ● *Kölsch* ● Koreanisch ● Kroatisch ● Kurdisch ● Laotisch ● Lettisch ● Lëtzebuergesch ● Lingala ● Litauisch ● Madagassisch ● Makedonisch ● Malaiisch ● Mallorquinisch ● Maltesisch ● Mandinka ● Mongolisch ● Nepali ● Niederländisch ● Norwegisch ● Paschto ● Patois ● Persisch ● Pidgin-English ● *Plattdüütsch* ● Polnisch ● Portugiesisch ● Quechua ● *Ruhrdeutsch* ● Rumänisch ● Russisch ● *Sächsisch* ● *Schwäbisch* ● Schwedisch ● *Schwiizertüütsch* ● *Scots* ● Serbisch ● Singhalesisch ● Sizilianisch ● Slowakisch ● Slowenisch ● Spanisch - *Spanisch Slang*, für Lateinamerika, für Argentinien, für Chile, für Costa Rica, für Cuba, für die Dominikanische Republik, für Ecuador, für Guatemala, für Honduras, für Mexiko, für Nicaragua, für Panama, für Peru, für Venezuela, kulinarisch ● Tagalog ● Tamil ● Tatarisch* ● Thai ● Tibetisch ● Tschechisch ● Türkisch ● Ukrainisch ● Ungarisch ● Urdu ● Usbekisch ● Vietnamesisch ● Weißrussisch ● *Wienerisch* ● Wolof

Praxis – die neuen Ratgeber

Wer seine Freizeit aktiv verbringt, in die Ferne schweift, moderne Abenteuer sucht, braucht spezielle Informationen und Wissen, das in keiner Schule gelehrt wird. **Seit Frühjahr 1999** beantwortet REISE KNOW-HOW die vielen Fragen rund um Freizeit, Urlaub und Reisen in einer neuen, praktischen Ratgeberreihe: „Praxis".

Die Themenpalette reicht von Basiswissen wie z. B. „Wildnis-Ausrüstung" über Outdoor-Aktivitäten und Fun-Freizeitsportarten bis hin zu den Geheimnissen asiatischer Märkte.

So vielfältig die Themen auch sind, gemeinsam sind allen Büchern die anschaulichen und allgemeinverständlichen Texte. Praxiserfahrene Autoren schöpfen ihr Wissen aus eigenem Erleben und würzen ihre Bücher mit unterhaltsamen und teilweise kuriosen Anekdoten.

Tauchen in kalten Gewässern
Sicherheit in und auf dem Meer
Sonne, Wind & Reisewetter
Küstensegeln
Fliegen ohne Angst
Kanu-Handbuch
Richtig Kartenlesen
Internet für die Reise
Reisen und Schreiben
Reisefotografie

... und viele weitere Titel
(siehe Programmübersicht)

144-160 Seiten,
Taschenformat 10,5 x 17 cm,
robuste Fadenheftung, Glossar,
Register und Griffmarken
zur schnellen Orientierung

Reise Know-How Verlag, Bielefeld

Register

Albertsdorf 86
Algen 67
Angeln 48
Anreise 12
Architektur 237
Auto 12, 26
Autor 263

Bad Segeberg 201
Bahnhof 13
Baltische Eissee 60
Bannesdorf 88
Bernstein 31
Besiedlung 80
Bevölkerung 74
Bier 43
Blasentang 67
Bojendorf 90
Brasilien 218
Buddelschiffe 106
Burg 92
Burg Glambeck 105
Burger Binnensee 34
Burgstaaken 101
Burgtiefe 103
Bus 17, 28
Busausflüge 177
Busfahrten 48

Campingplätze 25, 35
Christianisierung 81

Dänen 81
Dänschendorf 113
Dorsch 66

Dreißigjähriger Krieg 82

Einkaufsmöglichkeiten 17
Eselpark Nessendorf 206
Essen 37
Euro 19

Fähren 155
Fahrrad 27
Fahrradverleih 49
Fallschirm-Sprung 143
Fehmarn-Linie 83
Fehmarnstrand 157
Fehmarnsund 115
Fehmarnsundbrücke 224
Ferienhäuser 21
Ferienwohnungen 21, 36
Fest der tausend Lichter 48
Feste 45
Fisch 40
Fische 66
Flügge 117
Flügger Strand 34
Freilichtmuseum Molfsee 217

Gahlendorf 119
Gammendorf 122
Geografie 56
Geologische Strandwanderung 52
Geschichte 80

Giftmüll 65
Go-Kart-Fahren 52
Gold 86
Grog 43
Grüner Brink 124
Grünkohl 41
Gut Panker 220

Hansa-Park Sierksdorf 198
Hanse 22
Harley Davidson 46
Harley-Davidson-Treffen 48
Heiligenhafen 202
Helsinki-Konvention 64
Hendrix, Jimi 117, 234
Hering 66
Herzmuschel 65
Hexen-Kult 98
Hochsaison 19
Holsteinische Schweiz 178
Hotels 25

Info-Stellen 12
Insel-Fahrrathon 45

Jimi-Hendrix-Revival-Festival 48, 236

Kalifornien 218
Karl-May-Spiele 201
Katharinenhof 128

REGISTER

Kiel 207
Kinder 52
Kindheits-
  Museum 220
Kirchner, Ernst
  Ludwig 97, 240
Klausdorf 131
Kliff 59
Klima 70
Knuthenborg 177
Kolbenente 69
Kompassqualle 66
Kormorane 68
Krabben 65, 232
Kriegssoll 151
Kuhstallbesich-
  tigung 52
Kurtaxe 37-38
Küstenlinie 29

Laboe 214
Labskaus, 41
Landkirchen 133
Landschaft 59
Landwirtschaft 56
Lemkendorf 136
Lemkenhafen 137
Liekedeeler 227
Literaturhinweise
  252
Lolland 177
Lord Strang of
  Stonesfield 244
Lübeck 180

Meeresverschmut-
  zung 64
Meereszentrum
  Fehmarn 100
Meeschendorf 141
Miesmuschel 65

Mietfahrrad 37
Mietvertrag 18
Modelleisenbahn-
  Ausstellung
  100
Molfsee 217
Monarchen 120
Möwen 68
Muscheln 65
Museumsbahn in
  Schönberg 218

Nehrungshaken 59
Nessendorf 206
Neujellingsdorf 142
Niederschläge 70
Nord-Ostsee-
  Kanal 212
Nordsee 62

Ohrenqualle 66
Oldenburg 204
Orth 143
Orther Reede 32
Ostsee 60

Panker 220
Petersdorf 148
Pharisäer, 43
Phosphaten 64
Plattdeutsch 75
Plattdüütsch 78
Plöner See 178
Ponyreiten 52
Preise 19
Preiskategorien,
  Unterkunft 19
Preisniveau 35
Preußen 83
Privatzimmer 25
Puttgarden 153

Quallen 66

Rad fahren 27
Radio 14
Raps 246
Rapsblütenfest 45
Raps-Ody in
  Gelb 246
Regenwolken 70
Ringreiten 45
Rødby 155
Rote Grütze 41
Rübenmus 41
Rundflüge 49

Safaripark Knuthen-
  borg 177
Salzwasser 62
Schiffstouren 176
Schnaps 42
Scholle 66
Schönberg
  218, 220
Schönberger
  Strand 218
Schweden, 82
Schweinswal 67
Sea Life Center Tim-
  mendorf 179
Sechs-Taler-
  Gerichte 44
Seehunde 67
Seeschwalben 69
Seestern 66
Segeln 49, 230
Sierksdorf 198
Silo-Climbing
  49, 102
Skaten 49
Sommersaison 19
Sonne 70

Anhang

REGISTER

Sport 48
Sprotten 66
Staberdorf 157
Staberhuk 241
Steilküste 30, 59
Steinbutt 67
Störtebeker, Klaus 227
Strandkorb 126
Strandkörbe 37
Strandkrabbe 65
Strandprofil 29
Strukkamp 160
Südstrand 30, 103
Surfen 32, 50
Süßwasserüberschuss 62
Swattsuer 41

Tafelente 69
Tandem-Fallschirm-Sprung 143
Tauchen 51
Tee-Punsch 43
Tennis 51
Tiere 65
Timmendorf 179
Tote Tante. 43
Tourismus 57
Trinken 42

Umrechnung 19
Unterkunft 17

Vitalienbrüder 82
Vögel 68
Vogelfluglinie 153, 225

Wagrier 81
Wale 67
Wallnau 161
Wäschepaket 19
Wasserski-Anlage Süsel 200
Wasservogelreservat Wallnau 161
Wenkendorf 163
Westermarkelsdorf 166
Wetter 70
Wind 73
Windkraft 72
Windkraftanlage 51
Windstärken 147
Windsurfen 32
Wulfen 168
Wulfener Berg 60

Yoldiameer 61

Zweiter Weltkrieg

Hermann und Hans-Jürgen Fründt

Plattdüütsch – das echte Norddeutsch

Der passende Reisebegleiter, um die Norddeutschen zwischen Flensburg und Hannover besser zu verstehen.

Kauderwelsch Band 120,
128 Seiten,
ISBN 3-89416-322-4

Reise Know-How Verlag
Peter Rump GmbH

Der Autor

Hans-Jürgen Fründt (Jahrgang 1957) ist waschechter Holsteiner, den es schon seit frühester Jugend jeden Sommer an die Ostseeküste zog; es gibt kaum einen Strand, den er nicht irgendwann einmal probegelegen hätte. Aber dann war der Drang in die Ferne doch größer, er ging nach Madrid, wo er an der dortigen Universität Spanisch studierte. Durch mehrjährigen Aufenthalt in Spanien und Mittelamerika kam er schließlich zum Journalismus. Er schreibt seit 1983 Reportagen und Reiseführer, der vorliegende Band ist sein neunzehntes Buch. Nachdem sein Hauptaugenmerk jahrelang auf Spanien, Mittelamerika und der Karibik lag, besinnt er sich nun verstärkt auf die heimatlichen Regionen. Für diesen Band reiste er noch einmal mit Auto und vor allem per Fahrrad kreuz und quer über die gesamte Insel, entdeckte Altbekanntes neu, aber auch viele unbekannte Seiten, und ist immer noch erstaunt, wie schön der Himmel über Fehmarn sein kann.

Exkurse zwischendurch

Radio Schleswig-Holstein 14
Die Hanse - Europas
  erste Wirtschaftsgemeinschaft 22
Bernstein - das Ostseegold 31
Die Kurtaxe - eine Polemik 38
Mythos Harley Davidson 46
Windkraft - Für und Wider 72
Plattdüütsch 78
Hexen-Kult 98
Wie kommt das Schiff in die Buddel? ... 106
Monarchen und ihre Geheimzeichen 120
My Strandkorb is my castle 126
Windstärken 147
Berge und ihre Attraktionen 169

Kartenverzeichnis

Ausflugsziele 174
Bannesdorf 88
Burg .... Umschlag hinten
Campingplätze 24
Fehmarn, Übersicht .... Umschlag vorn
Dänschendorf 114
Kiel 208
Landkirchen 135
Lemkenhafen 140
Lübeck 182
Orth 144
Petersdorf 150
Puttgarden 154